如何在三十六岁以前成功

曾仕强◎著

民主与建设出版社
·北京·

图书在版编目（CIP）数据

如何在三十六岁以前成功／曾仕强著. -- 北京：
民主与建设出版社，2023.6
ISBN 978-7-5139-4214-0

Ⅰ.①如… Ⅱ.①曾… Ⅲ.①成功心理—通俗读物
Ⅳ.① B848.4-49

中国国家版本馆 CIP 数据核字（2023）第 093480 号

版权登记号：01-2023-3360

如何在三十六岁以前成功
RUHE ZAI SANSHILIU SUI YIQIAN CHENGGONG

著 者	曾仕强
责任编辑	韩增标　王宇瀚
封面设计	冯伟佳
出版发行	民主与建设出版社有限责任公司
电 话	（010）59417747　59419778
社 址	北京市海淀区西三环中路 10 号望海楼 E 座 7 层
邮 编	100142
印 刷	唐山玺鸣印务有限公司
版 次	2023 年 6 月第 1 版
印 次	2023 年 7 月第 1 次印刷
开 本	880 毫米×1230 毫米　1/32
印 张	8
字 数	143 千字
书 号	ISBN 978-7-5139-4214-0
定 价	39.80 元

注：如有印、装质量问题，请与出版社联系。

自 序

　　不知道从什么时候开始，人们逐渐势利起来，使得大家不能不争气，不得不追求成功。

　　成功，似乎是一种标志，象征我们努力的结果，表示我们一辈子没有白活。成功，又像是一种度量衡，评定我们在社会中的等级，硬生生地把人分隔开来，十分无情。

　　你一定要成功，你一定会成功，便成为最佳的卖点。造成很多激励专家，其实是打气业者，我们称之为轮胎的充气高手。鼓吹成功是可以学习的，而且只要用心学习，必然能够成功。大家成为等待充气的轮胎，却不料在成功的道路上，我们看到的是太多被爆破的轮胎，偶尔只有几个是充气完成的幸存者。这种现象，曾经喧哗一时，热闹一番。在大家失望、难过、后悔的氛围中，冷静下来。经过反省再反省，考虑再考虑，终于明白了三件大事：

　　第一，成功是没有捷径的，必须一步一步，稳当地提升自我。

第二，呼喊口号是没有用的，应该用心，细心，加上耐心，真正在实践中力求精进。

第三，成功以后怎么办，远比拼命追求成功来得重要。最好先具备享受成功的能力，再来追求成功，才能确保成果。

大家深信成功是可以学习的，却也开始重视方向的至关重要。方向比速度更优先，代替了速度最要紧的不当指引。

我们不再急切地盼望第一桶金，不再盲目地羡慕年轻的成功者。因为早成功不如晚成功，以免一下子从高峰摔下来那种凄惨的苦果发生在自己身上。

大家对于什么时候成功，比较有成熟的感觉？二十多岁，好像太早了，根基不稳固，许多事理还不明白，实在不适宜。六十多岁，当然太晚了，年纪太大，好像没有什么滋味。算来算去，三十六岁，不早也不晚，最为美满。

《易经》总共六十四卦，象棋合起来有六十四个格子。六十四代表满数，一百减掉六十四，刚好是三十六。人生成功的起点，应该是三十六岁。到了六十四岁，可以享受老年，当然求之不得。

按照孔子的说法，一个人到了四五十岁，若是还没有什么可以称道的事情，那也就没有什么了不起。我们把标准放宽一些，五十六岁应该有令人称道的表现。而五十六岁的成果，应该是二十年前的三十六岁开始积累下来的。所以三十六岁成功，五十六岁才足以令人称道。表示成功的果实能够确确实实地保存下来，并且被大家认定很有价值。

三十六岁怎样才能够成功呢？这是大家最为关心的问题。我们依据古今中外贤达的智慧和经验，详加说明。我们相信，路是人走出来的。成功之路，也是成功的人共同走出来的。然而，成功并没有高速公路，它是多种道路共同组合而成的道路网络。最有效的方式，是耐心把我们所说的道理，逐步用心去实践。

古圣先贤的道理是不会错的。长久以来，是我们做错了，才搞得乱七八糟。我们必须正本清源，体会真正的用意，走合理的途径，才能够成功。

祝福大家，也请多多指教。

曾仕强　序于杭州

二〇〇八年八月四日

目 录

前言 为什么三十六岁就能成功

壹 要使自己的头脑清楚

贰　明确地归纳自己的成功目标

叁　同时兼顾成家和立业

肆 设法把相关资源组织起来

伍 掌握知己知彼的成功秘诀

陆　用自力互动来创造成功的机缘

柒　发挥随时调整的调节力

捌 不怕有过失只怕不能够补救

玖 实践即知即行的成功途径

拾 坚毅进取还要十分忍耐才能成功

结语 三十六岁当然能够成功

前　言

为什么三十六岁就能成功

成功的基础，在确立人生的目的。

人生的目的，究竟是什么？

有人说："人生的目的，在死后荣登天国，到天堂过着美满的生活。"

这种想法，偏重死后的未来世界。具有这种念头的人，比较有宗教家的倾向。

但是，死后要进入天堂，有赖于生时的自我努力。生的时候要达到什么样的目的，仍然需要自己去探索。

有人说："人生的目的，在求取快乐。"

人的感觉，一般说起来，有"痛苦"，有"快乐"，也有"不苦不乐"。人生的目的，即在避开痛苦，求取快乐。对于不苦不乐的部分，采取不关心的回应。

"花开堪折直须折，莫待无花空折枝。"只要能够快乐，不可轻易放过。

然而，什么才是真正的快乐呢？一般人追求的身安、厚味、美服、好色、音声，庄子就不以为乐。他认为真正的快乐，应该是精神上的宁静。

于是有人说：人生的目的在以公众的快乐取代个人的快乐。己所不欲，勿施于人。大家快乐的事情，可以多做；利己害人的事情，绝对不能做。

英国哲学家边沁（Jeremy Bentham）主张以最大多数的最大快乐，作为人生的目的。他认为快乐是可以计量的，分别可以从强弱、久暂、迟速、众寡、连续与否、是否实在以及有无痛苦的成分在内七种因素来衡量。不过他所能计算的快乐，实际上大多偏重在物质方面。

这种计量快乐的做法，好像功利的味道十分浓厚。一个人如果处处盘算自己所能获得的快乐，他就能够收获真正的快乐吗？

有人主张苦修才是人生的目的，从禁欲、苦行当中，求得精神上的解脱。

也有人认为一切凭良心，择善固执，无论所言所行，都合乎道德标准，才是人生的最终目的。

有人热心改造自然，有人倡导改善社会，也有人致力发扬文化，认为这些才是人生的目的。

中国人的观点，认为人生在求心安理得。

关于人生的目的，中国人讨论得十分热烈，也各有不同的看法。但是，一般说来，中国人普遍认为："**人生的目的，在求心安理得。**"不知道大家看了以后，有什么样的感想？心安理得，是不是人生的目的呢？

孔子一辈子辛苦，说的道理未必为当权者所接受，死后不断遭受无情的批判，但他心安理得，堪称大圣人。

文天祥、史可法、岳飞的成功，并不在他们的事功，实在是因他们求得心安理得。

郑成功可以说在事业上没有成功，我们肯定他的成功，事实上也是看到他已经心安理得了。

我们追求成功，最好以心安理得为先决条件。在无所愧怍的大前提下，来求取成功，才具有价值。

一、追求有价值的成功

成功并没有公认的定义。

成功的定义，十分难定。人人追求成功，却各有不同的定义。春秋时代，叔孙穆子提出著名的三不朽论，他说："太上有立德，其次有立功，其次有立言。"

立德、立功、立言，从此成为中国人共同追求的目标。任何人只要完成其中的一项，都算是大成功。

由于目标悬得太高，许多人根本办不到。于是退而求其次，在自己家族中立德、立功、立言，总归比较容易。但是大家族人多意见也多，仍旧不容易使族人肯定自己的立德、立功或立言。再退一步，从自己的家庭着手，生一个儿子，用亲情来抚养他，让他肯定自己的立德、立功或立言，当然更为简便。这种有子万事足，生个儿子便是成功的观念，可以说是对三不朽的最大反弹。

在三不朽和有子万事足之间，还有很多关于成功的见解，例如：

1. 拥有良好的健康，就是成功。

2. 结交亲密的朋友，可以推心置腹，才算成功。

3. 受到完备的教育，成就非凡的事业，便是成功。

4. 支领高薪，工作愉快，而且家庭幸福，就算成功。

5. 心境平安，无牵无挂，一切都看得开，才叫成功。

6. 达成预期的目标，就是成功。

7. 提高生活品质，拥有洋房、轿车、娇妻，才能谈得上成功。

8. 婚姻美满，事业发展，身体健康，才是成功。

9. 服务社会，作出重大贡献，就是成功。

10. 善于督促自己，使自己出人头地，便是成功。

此外，信仰上帝的人，可能认为"活在上帝心中"，才是真正的成功，因为"没有圣灵的引导和力量，成功是遥不可及的"。

佛教徒希望"活在佛陀心中"，同样认为这样才算成功。

美国民意调查权威盖洛普博士的儿子，则坦诚地指出："为成功下定义，无论就成功者或凡夫俗子而言，都是件吃力不讨好的事。"不过他也认为"一个人在某方面感到有所成就，有一种如愿以偿的感觉，才算是成功。"

事实上，这些观点，多少都触及成功的一部分。每一种说法都对，但都没有包含成功的全部。

回头想想中国人的通俗说法：人生的目的，在求心安理得。那么，心安理得是不是最大的成功呢？

明朝末年，史可法督师扬州。清多尔衮致书劝降，史可法拒绝，城破被害，清乾隆时追谥为忠正公。

如果说史可法逃不掉而又不敢投降，才出此下策，与扬州城共存亡，那么这位忠正公实在没有什么了不起。若是他经过仔细思考，算来算去，逃亡和投降都不及与城共存亡来得心安理得，因此下决心不逃也不降，即使城破被害，大家仍然十分敬仰他。

不能心安理得，就不算成功。

有些人养生有道，拥有健康的身体，却被人看成"自私的怕死者"。一天到晚，只顾虑自己的身体，东怕西也怕，什么事情都不敢做，哪里能成功？

结交亲密的朋友，可以推心置腹，却因此秘密筹划谋财害命的勾当，就算成功又有何用？

受到良好的教育，成就非凡的事业，但是家庭不温暖，子女不长进，能够心安理得吗？

支领高薪，工作愉快，而且家庭幸福，如果所从事的工作，有害于世人，造成十分严重的后遗症，算不算成功呢？

心境平安，无牵无挂，一切都看得开，因而对任何工作，都不起劲，也不计较其成果，怎么能成功？

达成预期目标，如果心里不安，充满愧疚，这种成功有什么价值？

生活品质提高，显示个人的成就和财富的攫取，若是精神不愉快，内心欠充实，也不能算成功。

婚姻美满，事业发展，身体健康，而一生害人无数，有愧于心，并不见得成功。

服务社会，作出重大贡献，只能算是在这一方面的成功。善于督促自己，使自己出人头地，不过是在勇于接受挑战方面，有一些成就。

"活在上帝的心中"终究比较偏向西方式的向外求取，"心安理得"才是中国式的向内求诸于己。

人必须活出价值来，自己的成功究竟有没有价值，端视自己能不能心安理得。

唯有心安理得的成功，才具有追求的价值。凡是有愧于心的成功，愈成功愈可能遗臭万年，千万要小心提防。

时时以心安理得为念，在毫无愧怍的大前提下，妥善地处理每一件事，只要有头有尾把它做好，便是成功的一个基点。不断累积这些成功的小基点，积少成多才是有价值的成功。

二、成功是可以学习的

成功实在是一种自我提升。

人生的本相，好像一个圆锥体。愈靠近底层的部分，愈和一般生物相同，都是为了吃饭和传宗接代。人生的"生"字，似乎就是"生存"和"生殖"。而从这个角度来看，人本来就是动物的一种，和其他动物，并无什么两样。

人之所以为万物之灵，在于圆锥体除了底层之外，还有尖顶的一段，那就是"体面的吃饭"和"优生的遗传"。同样吃饭，要比一般动物，吃得更体面；一样传宗接代，也要比一般动物，更懂得优生，使一代比一代更优秀。

所谓成功，实际就是从圆锥体的底层，逐渐向上提升，使自己到达尖顶的一种过程。

最大的成功，在逐渐提升自己的层次，由兽性的人生，走向神性的人生。

自我提升是成功的过程，然而，成功不可能平白自天而降。我们必须充分自觉，有责任来完成一个正确的、利己利人的目标，并且有计划、有方法地使其顺利达成。

这种由自觉、目标到完成的成功过程，不但可以学习，而且应该努力地学习，才能确保其成果与品质。

人能"自觉"，成为人类与一般动物的最大差异。高级动物有知觉，也能记忆。但是，它们不能自觉地记忆，更缺乏自觉的智慧。

自觉地记忆，使人能够回忆过去的经验，并且累积起来，重新加以组织，使其具有创造性，而自觉的智慧，使人产生超越自私的道德意识，由人我互动，构成人伦世界。

学习自觉，获得正确的自觉之后，进一步学习设置目标，拟订计划、讲求方法、培养态度，并且切实施行，成功就比较有把握。

成功与否，完全决定在自己用不用心。

有人喜欢把不能成功的过失，推给"命运"。不错，这是很好的借口，却是不正确的借口。

中国人常说：一命、二运、三风水、四积阴德、五读书。很多人误解为一最重要而五最不重要，实际上则是五最要紧。读书明理、一切按照道理去做，自然会成功。问题是理不易明，自己认为按照道理，却没有十分的把握真正看对了道理，这时候只好拿积阴德来补偿。阴德究竟积了多少，也不得而知，所以拿风水来增强。风水未必可靠，这才求好运。好运不可得，只好寄望于命。

命一定存在，运也有起有伏。命运的好坏，决定于自己的"选择"。人的一生，面临着多次的抉择。选择正确，命运就良好。选择不正确，那就命运不好了。

"天助自助者"，自己慎重选择，老天爷乐于帮忙，好像命运帮助我们成功。实际上，我们自己在选择，并非命运在决定我们。

当然，有人不读书，不积阴德，不看风水，也不重视运气，仍然一辈子舒舒服服，因为他命好，却未必算成功。关于这一点，我们在第六章有进一步的分析。

成功是有道理的，有轨迹可循的，因此是可以学习，而且必须用心学习的。

从目标的建立到成果的确保，都有一些值得学习的法则，不容忽视。

失败的人，主要原因在不喜欢自己的工作。这些人既不学习如何正确地选择，也不学习怎样有效地调整。一天到晚，埋怨自己也责怪别人，当然不可能获得成功。

如何经由学习，导引出正确的自觉，并且明白选择合适的目标，寻找合理的途径，尝试有效的方法，自然可以迈向成功的大道。

三、研拟个人生涯设计

做好自己的生涯计划，才能走出成功的人生。

生活在现代社会里，成功好像是人生的唯一价值。父母期盼子女成功，师长希望学生成功，而整个社会，更激励大家"只许成功、不许失败"。

在这种大环境下，人如果只求成功，却不择手段，不但对社会大众没有好处，反而会招来可怕的灾祸。

把威胁、利诱、狡诈、欺骗，当作是成功的手段，以暴力、偷窃、绑架，作为成功的途径，结果害人害己，引起社会的不安，绝对不是正当的方式。

要成功，必须依循正当的法则。生涯设计，应该是相当重要的观念。

为了更有把握，为了更早获得成功，及早做好计划，乃是不二法门。而生涯设计，可以说是比较完整的成功计划。

现在，我们拿三十六岁作为验收成果的目标，也就是在个人生涯设计时，以"三十六岁就能成功"为设计的依据。

为什么三十六岁便能成功呢？

人生以年龄区分，刚出生为新生儿期，出生后第二个星期到一岁为婴儿期，两岁到十三四岁为儿童期，十五岁至十八岁为少年期，十九岁至三十九岁为青年期，四十岁到六十岁为中年期，六十岁以后则步入老年期。

如果将人生大致分成五个阶段，那么十五岁以前为探索期，二十五岁至三十岁为尝试期，三十岁至四十岁为建立期，四十五岁至六十五岁为持续期，六十五岁以后则为衰退期。

不论怎样划分人的一生，三十六岁成功，应该相当合理。一个人少年时多听、多看、多想，到了三十岁时，确立一些原则，从此据以奋斗，六年下来，必定可以看见初步的成果。把三十六岁定为成功的年龄，符合身心双方面的需求。

现在就要开始计划。

什么时候开始计划呢？答案是"现在就要开始"。

新生儿和婴儿，由父母代替设计，作出很多影响一生的选择。"命"的力量，在这一段时期比较显明。父母正确选择，表示婴儿的命比较好；父母胡乱选择，证明婴儿的命并不好。

儿童期刚开始的时候，仍然十分依赖父母。三岁至六岁期间，儿童为了因应外在环境的各种压力，建立了一些稳定的个人特质，包括控制与攻击的能力、正面与负面的自我意识、智力的发展基础，以及若干偏见。父母能不能适当地辅导儿童，找出适应的合理方式，或者养成良好的习惯，实际上已经奠定了儿童人格健全或不健全的基本构造，以后要加以矫正，很不容易。

六岁至十二岁接受国民教育，一方面培养国民道德，训练身心健康，一方面学习生活必备的知识技能，以求德、智、体、美、劳均衡发展，使身、心、手、脑并臻健全。

中学阶段，常常觉得自己游移在儿童与成人的行为思考模式之间，并且开始花时间来思考婚姻、未来的职业、宗教以及道德等相关问题。

十五岁以前着手设计自己的生涯，当然十分理想。宋朝谢良佐先生早就说过："人须先立志，志立则有根本。譬如树木，先有根本，然后培养，能成合抱之木。"一个初中学生将来的为人处世，总不能没有一定的方针和目的，否则有如失去罗盘针和方向盘，却在狂风暴雨之中航行，必然无法成功地登上彼岸。

初中毕业的时候，有了确定的志向，便可以自主地选择"升高中""考高职"或者"选职业"，不致懵懵懂懂，考上什么读什么，走到哪里算哪里。浑浑噩噩，毫无目的，来日的成功，又怎么敢于预期？

愈早规划生涯设计，成功就愈有把握。

如果现在已经年过十五岁，仍然未能"志于学"，那么赶快设法补救，愈早规划生涯设计，成功愈有希望。

想一想这一辈子要怎样过，现在就开始，勾画出自己的远景，然后全力以赴。

前面说过，儿童在三岁至六岁之间，已经建立了人格健全或不健全的基础。六岁以后，想要矫正错误的知觉、动作、情绪，很不容易。但是由于害怕困难而放弃矫治，乃是"认命"的不负责任态度。

十五岁应该立定志向。如果过了十五岁而未定，就宣告时间不能回头而不予补救，同样是不负责任的想法。

别人十五岁以前就立志了，我现在赶快立并不算晚。别人一下子就把坏习惯改过来了，我痛下决心，必然也能够纠正以前所犯的错误。

成功，就是这样辛勤得来的。

四、三十六岁就能成功

条条大路，都可以通达成功的境地。

十五岁立定志向，努力进德修业。十八岁进入自己理想的大学，遵守校规、用功读书、尊敬师长、留意国情、健全人格。二十二岁毕业，服完兵役，找到合适的工作，继续多听、多看、多思考，三十岁左右，成家立业，并且确立若干为人处世的原则，从此择善固执，不屈不挠，正如中山先生所说："吾志所向，一往无前，愈挫愈奋，再接再厉。"果能如此，奋斗五六年，到了三十六岁必能成功。

大学毕业，若是觉得学识不足以立业，有继续深造的必要，攻读硕士、博士。这时边学边做，三十岁左右，照样可以成家立业。

不考高中，十五岁就选定了自己未来所乐意从事的行业，接受高职教育，提前就业，然后利用时间，修习大学课程，充实自己，甚至获得学位。到了三十六岁，也可以成功。

人生有许多条路可以走，然而，条条大路都有成功的可能。

最主要的因素，在于自己的正确选择。不怨天，不尤人，慎重地学习成功之道，才是确保自己三十六岁就能成功的有效方式。

成功的有效之道，在兼顾各方面的成就。

什么是有效的成功之道呢？答案相当分歧。

有人强调动机，认为积极追求成功，具有很大的震撼力。

有人重视信心，主张相信有志竟成的人，终会获得成功。

有人讲究方法，倡导合理合法的手段，以求取成功。

更有人注重步骤，认为大多数人都有成功的潜能，只要采取合理的步骤，人人都可以成功。

当然，也有人举出幸运、家族、贵人、信仰等因素，列举出不同的成功之道。

我们的原则是"兼顾"。唯有面面俱到，顾虑得周全一些，才能确保"三十六岁就能成功"。

　　"兼顾"的意思，是不要把自己的成功，活像赌博似的，孤注一掷地押在某一个数字上面。押对了宝，固然获得成功。万一押错了，岂非前功尽弃，不能成功了吗？

　　经济学家告诉我们，不要把所有鸡蛋都集中放在一个篮筐里。我们也不应该把自己的成功，集中寄望在某一方面上。

　　本书不打算提出一些成功的捷径，因为"成功根本没有捷径"。

　　我们衷心期望，大家都能够按部就班，在"心安理得"的大前提之下，从成功的基础、目标、条件、方法、秘诀、机缘、枢纽、良药、途径，以及保障等方面，采取全面包抄的态度，务求"三十六岁就能成功"。

壹　要使自己的头脑清楚

阅读本篇，有助于了解：

1. 为什么要使头脑清楚？

2. 怎样才能使头脑清楚？

3. 什么是正确的成功观念？

4. 如何辨识自己的性格类型？

5. 怎样革除不良习惯？

6. 如何培养兴趣？

7. 怎样增强能力？

8. 如何确立理想？

9. 什么叫作洞识力？

10. 洞识力对成功有什么助益？

头脑不清楚，就不可能成功。

有许多人不能成功，原因在于：头脑不清楚。

现代信息发达，知识的来源丰沛。无论电视、广播、新闻，乃至形形色色的杂志、书籍，到处都可以获得知识。现代人具有更多的知识，是不争的事实；如果因此便认定现代人成功的概率更大，却未必如此。

为什么呢？因为"头脑清楚，知识愈多愈好；头脑不清楚，知识愈多愈坏"。

头脑清楚，才能运用智识。

知识好比肥料，用来栽培清楚的头脑，则肥料下得愈多，头脑愈清楚。若是拿来栽培不清楚的头脑，恐怕肥料下得愈多，头脑愈不清楚。

头脑清楚的人，表现出良好的洞识力，能够明白地看出，哪些知识是"合乎自己使用"的，哪些知识，显然"不合乎自己的标准"。

我们常说现代是多元化社会，意思是"什么话都有人讲"而且"什么事情都有相当的道理"。处在这种"好像没有什么是非"的环境中，一切判断，不得不以自己主观的标准来衡量。这种相当主观的衡量标准，若是来自清楚的头脑，结果相当正确；万一来自不清楚的头脑，往往不堪设想。

相传吕洞宾下山，有意寻觅不慕富贵而能够传道的弟子。他遇见一位年轻人，随手点石成金，要送给他，这位年轻人不愿意接受。再用手指更大的石头，变成更大的金块送给他，年轻人仍旧不要。再点一山，成为大金山，年轻人还是无动于衷。吕洞宾以为这位年轻人不爱黄金，便问他要什么，想不到年轻人回答道："我不要点成的金，我要你那个点金的指头。"

要头脑清楚，必先认识自己。

从"指比金更重要"来看，这位年轻人的头脑十分清楚，知道要点石成金，必须先具备那个能点的指头。然而，从"不爱黄金爱指头"，显示他"贪得无限的黄金"来看，这位年轻人贪得无厌，正是"头脑不清楚"的表现。

可见头脑清楚不清楚，也具有"层次性"。真正头脑清楚的人，首先明白"人希望成功，必须逐渐提升自己的层次"，使自己表现出高层次的洞识力，才是头脑清楚的具体证明。

清楚的头脑，乃是成功的基础。吕洞宾的指头十分可贵，然而我们再羡慕，也不可想要他的指头。要"金"的人，固然头脑不清楚，求"指"的人，头脑又何尝清楚？

要头脑清楚，先切实认识自己。成功的基础，在做好下面六件事：

1. 厘清自己的观念。

2. 了解自己的性格。

3. 调整自己的习惯。

4. 培养自己的兴趣。

5. 判断自己的能力。

6. 确立自己的理想。

一、厘清自己的观念

定期清理自己的脑袋。

任何人从出生到现在，不断地把各色各样的观念，堆积在自己的脑袋里，如果从来没有整理过，怎么能够期盼有一个清楚的头脑呢？

请看一看自己所使用的抽屉，若是过一段时间，不加以整理，会不会产生下面这几种现象？

1.堆得乱七八糟，每次想拿什么东西，都要花费许多时间，翻来翻去，有时候还找不到。

2.有一些好东西，被长久压在底下，压坏了，变成不能用。

3.新的、旧的堆在一起，有时候拿到旧的，反而不会去找新的。有时候拿到新的，却不见得合用。

反看我们自己的头脑，像不像一个长期没有整理过的抽屉，里面什么东西都有，只是乱七八糟，根本没有头绪？

抽屉需要定期整理，仓库需要定期清理，难道人的脑袋，就不必花费一番心思，来加以整理？

树立正确的成功观念。

整理脑袋，主要在厘清自己的观念。我们提供一些正确的成功观念，供大家参考：

1. 成功固然是必要的，但是现代社会盲目鼓励大家从事无情的竞争，显然是促使社会道德败坏的主要原因。如果再以金钱为衡量成功的唯一标准，那就更加令人忧虑。

追求成功，务必注意手段的合理合法。任何不择手段以求取成功的念头，都应该毫不犹豫地予以扬弃。

衡量成功的标准，不能限于金钱或其他物质或财富，应该兼顾精神和健康等方面，以免过分看重某一种因素，而迷失了自己。

2. 人无志不立，但是志向必须深长远大，不为少数人的利益着想，去我去私，不为个人打算，更不可害及别人。关于立志的最高原则，中山先生认为"要立志做大事，不可做大官"。

凡事多问应该不应该，凡是认定应该做的，就要择善固执，不屈不挠，不成功誓不罢休。

立志做第一等人，第一等事。大家秉承所学，立志为社会人群做一番事业，这才无愧于心，心安理得。

3. 人应该知命，却绝对不可以认命。我们之所以不能成功，并非由于上天的安排，而是因为我们自己不想成功。只要不违背老天的旨意和社会的法则，我们都有权利选择成功的目标，凭着我们的努力，也必然能够成功。

失败的人常常埋怨命运不济，成功的人才知道，一点一滴都是努力的成果。可见努力能够改变命运，甚至创造命运。

4. 真正的成功，乃是一种综合内心的满足、快乐和自我实现的感觉。但是，中国人"在人群中成就个人"的理想，绝对不可以只顾自己不顾别人，所以不能采取西方那一种跃进的征服态度，最好以中国人渐进的感悟态度来获取成功，才比较圆满。

时下的风气，逐渐倾向于凌厉而带有侵略性，动不动就令人下不了台或者没有面子。这种作风，并不能以德服人，仅能得到表面上的成功，殊不足取。

为什么龟兔竞走的故事，中国人主张以龟为师？用意在提醒我们，勤勤恳恳，一步一步循序渐进，只要不间断，自然有成功的一天。现代人希望速食式的成功，经常引起"聪明反被聪明误"的悲剧，实在得不偿失。

5. 财富和地位，只是成功的副产品，却不是成功。自己有成就感，而且也让周遭的人自发地觉得十分快乐，这种能够共同分享的成功，才值得追求。

成功与良好的人际关系同等重要，缺一不可。良好的人际关系不能带给我们成功，真正的成功却必须包含良好的人际关系。因为人际关系失调，成功就带有严重的缺陷。

6. 三十六岁以前，与其早成功不如晚成功，与其晚失败不如早失败。

不要盲目要求尽早成功，以免过早的成功使自己骄狂，种下日后失败的恶因。**不要害怕失败而不敢尝试，以免过度紧张而失去成功的机会。**

二、了解自己的性格

从了解自己的性格着手。

人的命运，其实就是自己的性格。有什么样的性格，就会造成什么样的命运。

性格决定一个人适应环境的方式。包括怎样了解自己？怎样影响他人？对自己有怎样的看法？以及具有哪些特质？

人的性格，受到遗传、环境和情境三方面的影响。一个人的身高、容貌、性情、性格、肌肉成分、体能状况，接受父母的遗传。而早期的家庭状况、居住地的文化、所需的环境，以及各种经验，都是塑造性格的重要因素。至于情境，则是增强遗传和环境对性格的影响力，因为不同的情境，会使相同的遗传和环境产生不一样的性格。

检讨自己的性格，属于哪一类型。

有一种"工作匹配理论"，将人的性格分成六种类型。每一种类型的性格，都有其合适的职业。兹将性格与工作的匹配，列举如下：

1. 实际型——有多攻击行为，多需要技巧、力量和协调的身体活动。选择职业以农业、林业、建筑业为宜。

2. 探究型——擅于探究除感觉和情绪以外，需要思考、组织和了解的活动。选择职业以数学、生物学、新闻报道为宜。

3. 社会型——重视人际关系。选择职业以社会工作、侨民服务、临床心理学为宜。

4. 传统型——依循有规则的活动，把个人需求提升到组织或权力以及地位。选择职业以会计、财政、法人团体的管理为宜。

5. 企业型——重视以语言影响他人，从而获取权力和地位。选择职业以公共关系、法律、中小企业管理为宜。

6. 艺术型——重视自我表达、艺术创作或情绪活动。选择职业以音乐、艺术、写作为宜。

人与人间确实有性格的差异，如何了解自己的性格，据以选择适合自己的职业，对于成功的影响相当大。

●艺术型的人，从事音乐、艺术或写作，成功的概率最大。选择探究型、社会型所匹配的职业，也比较相近。从事实际型、企业型所匹配的工作，并不合适。而选择传统型所匹配的职业，最不适当。

●实际型的人，从事农业、林业或建筑业，最容易获得成功。选择探究型、传统型所匹配的职业，也比较相近。从事艺术型、企业型所匹配的工作，并不合适。而选择社会型所匹配的职业，显然最不恰当。

●企业型的人，从事公共关系、法律、中小企业管理，成功的概率最大。选择传统型、社会型所匹配的职业，也比较相近。从事艺术型、实际型所匹配的工作，很不合适。而选择探究型所匹配的职业，很难获得成功。

●探究型与实际型、艺术型相近，与传统型、社会型较远，而与企业型最不相似。

●社会型与艺术型、企业型相近，与探究型、传统型较远，而与实际型最不相配。

●传统型与实际型、企业型相近，与探究型、社会型较远，而与艺术型最难匹配。

还有人主张从手相看性格，也有人认为笔迹是精神的表现，可以从笔相看出人的性格。这些都有待进一步的证明，只能参考而已。

比较妥当的做法，是请教高明。

最方便而可靠的方法，莫过于请教父母、师长或亲朋好友，或者到各地的心理咨询中心做一些职业性向测验。因为父母、师长对我们的性格，多半十分清楚，而性向测验这类科学方法，当然比算命或道听途说更能够帮助我们了解自己的性格。

三、调整自己的习惯

从习惯来判断自己的性格。

性格比较不容易判断，习惯却比较明显地看得出来。当我们经常重复同一经验时，我们便知道：自己有这种习惯。把过去所经验的反应方法和行动方式，表现在眼前，就叫作习惯。

想改变自己的命运，从改变自己的性格着手。而要改变自己的性格，最好调整自己的习惯。

习惯有好的，也有坏的。我们所要调整的，乃是不良的习惯。破除坏习惯，一方面可以摆脱自己不喜欢的事情，一方面能为自己减少成功的阻碍，有利于如期获得成功。

抓出自己的不良习惯。

什么是坏习惯呢？下面六种形态，都是不良的习惯：

1.对身体有害的习惯：吸烟、暴饮暴食、吸毒、酗酒，明显地伤害自己的身体。长期压抑愤怒，也会造成生理上的伤害。

2.会激怒别人的习惯：喜欢敲打桌子；经常发出嗯嗯哼哼的声音；讲话之前用力清喉咙；老是希望受到别人的恭维；随便用手推扯别人。

3. 自己不喜欢的习惯：咬指甲、抓头发、打哈欠、挖鼻孔、扯衣服、捏手指以及一些影响观瞻的动作，如果自己并不喜欢，最好改掉。

4. 自己不赞成的习惯：泄露别人的秘密、背后议论他人的是非、随手拿取别人的东西、浪费公物、践踏草地、随手丢弃废物、扯谎等抵触自己道德标准的行为。

5. 对自己不利的习惯：到时间一定要吃饭，吃不到就乱发脾气；不停地问人家现在几点钟；不管大家在做什么，坚持按自己既定的生活规律，以致无法享受某些经验，例如除夕守岁、中秋夜赏月等等。

6. 会影响效率的习惯：浪费时间说一些口头禅；花费精力做一些毫无益处的动作；说一些没有意义的话；做一些无聊的事。这些习惯，不仅浪费时间，而且可能惹麻烦，最好赶快加以破除。

下决心革除自己的不良习惯。

习惯是重复出现的行为，如果不下决心改掉坏习惯，坏习惯就会不断地继续下去。破除不良习惯的方法，乔治·温伯格（Ceorge Weinberg）博士提出三大步骤，简单说明如下：

1. 分析自己的习惯。依据上面所列举的六种范围，把自己的坏习惯找出来，并且花一个星期，好好观察这些不良习惯是怎么运作的？

2. 了解自己的习惯。观察自己在什么时候出现这些坏习惯，包括大概是因为什么原因引起的？在这个时候，通常和哪些人在一起？他们给自己怎样的感觉？

3. 调整自己的习惯。在观察和了解坏习惯的那一个星期中，继续原来习惯的冲动会逐渐增强，这是许多恶习无法革除的主要原因。寻求切实调整自己的习惯，必须把握下面三大法则：

①当决心根除一个习惯的时候，要马上全部停止这种行为，不要逐渐减少发生次数。

②尝试革除一个习惯时，任何涌现在心头的自我反省，都应该仔细加以斟酌。

③一旦感觉到这个习惯发出的冲动，就要勇敢地承认，并且不要苛责自己。这时候可以想象自己变成一个崭新的人，这种冲动不过是暂时的反应而已，很快就会有所改进。

最要紧是立即行动。

调整习惯的时候，如果觉得旧有习惯的冲动十分强烈，可以自己问一些下面的问题：

1. 为什么还想做这个不好的习惯呢？

2. 不做这习惯，会失去什么呢？

3. 放弃这习惯，有什么伤害？

4. 别人会怎么说我呢？

5. 可能会发生哪些可怕的事情呢？

6.目前的状态使我想起过去的什么?

温伯格博士告诉我们,同时消除五个习惯,比一个一个消除来得容易。要求成功,最好把自己的不良习惯,一齐找出来,下决心一次把它们调整过来。

四、培养自己的兴趣

有兴趣就容易成功。

梁启超先生说他是一位趣味主义者,主张"凡人必常常生活于趣味之中,生活才有价值"。他觉得天下万事万物都有趣味,只嫌二十四小时不能扩充到四十八小时,不够享用。他一年到头不肯歇息,问他忙些什么?忙的是他的趣味。他以为这便是人生最合理的生活,常常想劝别人也过同样的生活。

凡属趣味,梁先生一概都承认它是好的。然而,什么是趣味呢?他说:"凡一件事做下去不会生出和趣味相反的结果的,便属趣味的主体。"赌钱有趣味吗?输了怎么样?喝酒有趣味吗?病了怎么样?做官有趣味吗?没有官做的时候怎么样?跳舞有趣味吗?不跳的时候怎么样?诸如此类,虽然在短暂的时间内好像有趣味,结果,却经常闹得很没趣。梁先生认为这些事情,都不能算是趣味。

那么，趣味是什么呢？他主张趣味的性质，总要以趣味始，以趣味终。所以他认为劳作、游戏、艺术、学问才是趣味的主体。

他特别声明，不是用道德观念来选择趣味。他说："我不问德不德，只问趣不趣。我并不是因为赌钱不道德才排斥赌钱，因为赌钱的本质会闹到没趣，闹到没趣便破坏了我的趣味主义，所以排斥赌钱。我并不是因为学问是道德才提倡学问，因为学问的本质，能够以趣味始，以趣味终，最合乎趣味主义的条件，所以提倡学问。"

任何工作，如果能够以趣味始而以趣味终，当然容易获得成功。但是一般人对于工作，总是抱着"不得不做"的心情，似乎提不起兴趣，以致很不容易成功。

培养兴趣有四条大路。

好在兴趣是可以培养的，依据梁启超先生的提示，培养兴趣，好像有下面几条路可以走：

1. 无所为。培养兴趣最重要的条件是"无所为而为"。凡是有所为而为的事情，都是以另外一件事为目的，而以这件事为手段。为了达到目的，勉强用手段，目的达到时，手段就被抛掉。例如学生为毕业证书而读书，工人为工资而工作，歌手为赚钱而唱歌，虽然有时也可以引起兴趣，但是真正发生兴趣，必定要和"有所为"脱离关系，为游戏而游戏，为生活而生活，为工作而工作，才有真正的兴趣。如果为了分数而游戏，为竞争而生活，为赚钱而工作，那就没趣了。

2. 不停息。人类的本能，只要某一部分搁久了不用，那一部分就会麻木、会生锈。十年不走路，两条腿一定会废；每天跑一小时，跑上几个月，如果有一天不跑，腿便会发痒。人类原是习惯的动物，任何事情做习惯了，就会产生兴趣，久久不停息，便叫作上瘾。多花一些时间，不停地去做，很快就能培养出浓厚的兴趣。

3. 要投入。兴趣总是慢慢地来，愈引愈多，愈深入愈有兴趣。譬如倒吃甘蔗，愈往下才愈得到好处。从事任何活动，不要存心消遣。缺乏研究的精神，兴趣就引不起来。选择合适的工作，一层一层地往里面深入去研究，一定会欲罢不能，产生很大的兴趣。

4. 找朋友。兴趣和电一样，愈摩擦愈能产生。不停息和用心投入，是靠自己和工作相摩擦，万一自己停摆，发电力便弱了。如果能够找到一些志同道合的朋友，一起摩擦，彼此切磋，大家都有兴趣，对大家都有助益。

成功的基础，就是找一份自己喜欢的工作，然后努力去做。不要过分期待未来的成果，反而应该培养出浓厚的兴趣。不喜欢工作，缺乏兴趣，一天到晚企盼着成功早日来临，是毫无道理的。

有些人刚开始工作时十分热心，但很快就借故停止不做。这种缺乏工作热忱的人，做到哪里就算哪里，不可能成功。缺乏工作热忱的主要原因，即在提不起兴趣。唯有兴趣浓厚的人，才能够抱持非成功不可的决心，好像开始掘井，一定要掘到井水涌现为止。

五、判断自己的能力

能力是广义的，不要局限在某一方面。

真正的能力，包括"才能"与"品德"。狭义的能力，则偏重于才能。把品德修养看成另外一种能力。

才能指办事的方法和思考的能力，亦即不但能做，而且要能想。能想能做的人，具有才能。

品德指言行合理和节操光明磊落，前者表现于平时，而后者往往要危急时才能显现。有些人言行合理，却在危急时不知所措，做出令人失望的行为。有些人由于特殊的需要，平日言行不见得合理，危急时表现出崇高的节操，大家才恍然大悟，原来他是这样的伟大。

自古以来，有才能的人，品德修养不一定好，而品德良好的人，才能也未必就高。由于才能与品德很难兼备，把它们划分开来，而且逐渐轻品德而重才能，造成今日社会的不安宁。

品德是成功的重要因素。

成功的人，必须品德重于才能。请看谭延闿先生和汪精卫先生的书法，很多人都认为汪体并无不及谭体，但是学习书法的人，却只有学谭体而没有自称为汪体的。汪精卫先生的才能，相当令人钦佩；他的品德，则由于晚节不保，被大家视为不值得尊敬。因为品德不够理想，连带把他那书法的才能也一笔勾销了。

希望获得成功，必须从品德和才能双方面检讨自己的缺失，以便更进一步，提升自己的能力。

品德方面，我们建议以"自己是不是父母的好子女"为考察的起点。为人子女是做人的第一种角色，如果扮演得不好，其他角色，还能够期望自己扮演得好吗？

陈大齐先生曾经感叹"为子不易"，他说："一个人呱呱坠地，自然而然成了父母的子女，在子女本人没有什么不易。饿了，父母会为之供养；冷了，父母会为之供衣。及稍长大，父母仍会为之供给衣食。即使家庭经济状况不佳，有饥寒之虑，焦心苦虑的，是父母，不是子女。及再长大，找不到工作，得不到温饱，这是生活的不易，还不是为子的不易。"那么，为子不易，指的是什么呢？"在物质方面，要使父母不愁匮乏；在精神方面，要使父母经常欢乐。这已经不是很容易的事情了。还要更进一步，做出些足以光耀门楣的事业，使亲友们见了你的父母，都会称赞一声好福气，这更非易事了。"

看看今天那些不成功的人，是不是"只晓得托父母的余荫，在家舒适过日子，出外莽莽撞撞仿效太保太妹的行径"呢？可见按照做子女的道理，来修养自己的品德，是多么重要。

做好子女，并不是"只要听话，顺从父母就好了"。古人说孝，单用一个"孝"字，不用"孝顺"这个复词，可见真正的孝，必须明辨"可顺"与"不可顺"。陈大齐先生认为"只可顺从其可顺从，不当顺从其不可顺从"，如果连不可顺从的也一并顺从，那便转而成为不孝了。

判断能不能顺从父母，成为考察自己才能的第一步。拿什么标准，用什么方法，采什么态度，都要能想也能做，才不致使自己"连基本的子女都做不好"，否则还谈什么成功？

激励品德要有标准，要讲求方法。

荀子的标准，一共三点：

第一，以父母的安危为标准。能安可从，可能危即不可从。

第二，以父母的荣辱为标准。凡有助于父母的荣誉的，可从。可能辱及父母的，不可从。

第三，以命令的善恶为标准。能够致善的，可从。可能为恶的，不可从。

方法呢？先"谏"后"争"。不能够顺从的时候，要怡色柔声地劝阻，不可疾言厉色地指责。如果不能采纳，则比谏更进一步，要争，也就是"不听便不休"的意思，想办法一劝再劝，务必把父母从不义中救出来。

采取的态度，可从的必须遵从，不应该躲避；不可从的，要合理地坚持。实在没有办法的时候，偶尔阳奉阴违，亦无不可。陈大齐先生说："阳奉阴违，原属不道德的欺骗行为，不应施于父母，但不得已而偶一为之，亦未尝不是权宜的办法。"例如，父母嘱走内线或送红包，以猎取高位厚禄，坚拒不从，引起父母的愤怒，损及其身体的健康。不若诡称已走内线而走不通，已送红包而未被接受。虽令父母失望，尚不致因愤怒而损及健康，亦不致因遵从而招来耻辱。

品德与才能的判断，本来十分抽象而不够客观。现在从"自己有没有做好子女"来判断，比较容易获得具体而客观的结果。真正成功的人，必须首先通过这种判断。否则有一天，会悲伤地发现自己的成功，并不实在。

六、确立自己的理想

增强自己的洞识力。

洞识力的具体表现，在确立自己的理想。一个人厘清自己的观念，了解自己的性格，调整自己的习惯，培养自己的兴趣，以及判断自己的能力，无非想得到清楚的头脑，以便正确地建立自己的理想。

无论什么人，都希望自己能过着家庭美满、事业顺利、身体健康、精神愉快、经济富裕、没有烦恼的生活。然而，在这些共同理想的达成中，每一个人所要求的境界，仍有不同。

有一天，孔子在放学后，和他的两位弟子颜渊、子路随兴交谈，孔子要他们说出自己的理想。

子路说："如果我能够在政界取得要职，有车、马、衣、裘，我会拿来和朋友共同享用，即使被用坏了，我也不感到遗憾。"

颜渊平静地说："我希望有一天对国家社会有贡献时，能够做到不夸耀自己的才能，不张大自己的功劳，对于分内事，都始终能够虔敬地去完成。"

最后孔子说："我希望能让年老的人，都得到奉养，过着安乐的生活；朋友之间，都能够诚信相处，不互相猜疑；年少的人得到适当的教养，并且能够感怀亲德。天下的人都各得其所，处处祥和。"

子路在心理上，把他的朋友都当成不如自己的人，是不是显得过度自负？

颜渊不夸长处，不过分膨胀自己，就今天的眼光看起来，已经十分难得。但是他仍然以自我为中心，在潜意识中，"我"的分量还是很重。

孔子"无我"的境界，以他人的安身为自己奋斗的理想，实在是人生最高的理念。

我们当然不敢寄望所有的人，都以孔子的理想为准则。因为理想如果不是发自内心，那便是有声无力的东西。嘴巴说得动听，实际上不想去做，不过是自欺欺人的把戏。

成功的人，一定有自己的理想，说起来理想就是对自己的使命感，使自己坚韧不拔地朝向目标去努力。

人生不如意事，十常八九。希望的是家庭美满，实际上则家庭常起风波；期待的是事业顺利，现实却常遭挫折；要求身体健康，实则常常生病。如果没有理想，缺乏使命感，很可能为眼前的不如意而痛苦消沉，从此向逆境低头，而虚度人生。

有了自己的理想，才能够不折不挠，将逆境当作最好的磨炼，凭着坚强的使命感，使自己勇敢地向困难挑战，成功地完成使命，达到理想。

确立自己的理想，以求头脑清楚。

怎样确立自己的理想呢？我们建议先思考下列两个问题：

1. 我对自然应该怎样？

除了人以外，都属自然。自然被综合起来，统称为"物"。中国人把它和"事"连在一起，叫作"事物"，主张"物有本末，事有终始"。想想看，我对事物的态度如何？是追求、探究、利用、操纵、克伐、征服，还是爱惜、珍重、共存、培育？

2. 我对社会应该怎样?

社会由人群组成,对社会的态度亦即对人的态度,到底是角逐、欲求、征服、压制,还是友爱、谦和、推己及人?

我们建议,首先确立自己对人、对事、对物的基本原则,然后拿自己的原则来重新检讨自己的所作所为,看看是否能够一贯而不自相矛盾?如果前后一致,可以说头脑相当清楚了。

贰　明确地归纳自己的成功目标

阅读本篇，有助于了解：

1. 成功包含哪三个阶段？

2. 为什么要设立自己的成功目标？

3. 用演绎法建立目标有什么缺失？

4. 目标太高，会产生什么后遗症？

5. 用归纳法建立目标有哪些好处？

6. 归纳目标要注意哪些原则？

7. 制定目标为什么要自发、自创、自行？

8. 怎样制定自己的成功目标？

9. 如何分析所制定目标的可行性？

10. 怎样确立分段目标以利实施？

成功由目标、计划和实施三阶段所形成。

成功必先确立目标，依据明确的目标去努力，比较容易集中精神和力量。命中目标的概率，也就大得多。

一般说来，成功由三个阶段所组成，那就是目标阶段、计划阶段和实施阶段。目标阶段，便是我们通常所说的"想做"，例如"我想增强自己的沟通技巧""我想把这种事业做好"，或者"我想扮演好自己目前的角色"。想做以后，马上要评估它的可行性，一旦发现可行，立刻拟订周详的计划。唯有良好的计划，才能保证我们"想做"的事确属"可行"！这时用心付诸实施，用行动来达成目标，使自己所想做的，获得成功的结果。

想做的出发点，在了解自己的需求。而这些需求，必须符合自己的理想。我们在确立理想之后，才能够制定自己的目标。因为达成符合自己理想的目标，才是自己理想的完成，否则达成目标，却发现自己的理想落空，岂非令人失望？

人有四种类型。

我们不妨把人分成四种类型，列举如下：

1. 混沌型。从来不曾想过自己到底有什么需求？人家给我食物，我就吃；人家供我衣物，我便用。有什么工作，就做什么工作；有何等日子，便过那样的日子。一天到晚，混混沌沌；一年到头，也是混混沌沌。这种类型的人，当然不可能成功。

2. 度日型。想过自己的需求，但是目标并不明确。知道自己要做些什么，却不明白为什么要做。任何可以满足自己需求的东西，都不会排斥，因而形成矛盾和重复。一天过一天，似乎没有什么特别的愿望。这种人缺乏明确的目标，也不可能成功。

3. 愿望型。对目标稍有自觉，却不能纳入自己的理想。诸多目标，不能汇聚成为目标系统，因此凌乱而茫然。似乎达成了一些目标，内心并不满意，因为自己的理想，好像并不是这样，但是又调整不过来。这种类型的人，往往事倍功半，就算获得成功，也只是局部的成功。

4. 成功型。建立目标体系，把理想融入目标体系当中。由于目标具体，彼此连贯，而且切合自己的理想，不但容易成功，并且觉得十分圆满。

希望成功，必须经常具备"目标意识"，把许多不同的需求，联结在同一理想的范围内。建立完整的目标体系，把不同的目标，统合在同一理想的领域中。

设定目标的方法，古今应该有所不同。

自古以来，大家都在设定目标，不过做法有些不同。我们为求确实有效，必须找出可行的目标设定法。现在分成六个项目，分别说明如下：

1. 往日的做法。

2. 不良的现象。

3. 现代的方式。

4. 目标的制定。

5. 可行的分析。

6. 分段的目标。

一、往日的做法

古圣先贤喜欢用演绎法来建立目标。

古圣先贤建立目标，多半采用"演绎法"。它的特色，在"由大而小，由全而偏"。

标准的演绎法，采用三段论证。例如：

凡人皆会死。

张三、李四、王五皆是人。

所以张三、李四、王五皆会死。

前面那两句话，叫作"前提"，第三句话，便是"结论"。由前提的证据，推出结论的正确，这便是演绎的论证。因为有两个前提，一个结论，合起来三段，所以称为"三段论证"。

孔子制定"仁"为道德的理想人格，他说："仁者爱人。"于是，大家都这么认为：

人应该爱人。

张三、李四、王五都是人。

所以张三、李四、王五都应该爱人。

孟子认为恻隐之心就是仁。

墨子认为仁是爱人和爱自己的身体一样。

韩非子认为仁就是心中欢欣愉快地爱别人。

朱子认为使人和万物都能各得其养，各遂其生，就是仁。

梁启超先生认为人格完成就叫作仁。

蔡元培先生认为完成人格便是仁。

胡适之先生认为仁就是成人。

从此以后，"仁"成为人人所应该具有的理想。只要是中国人，就不应该例外。

孟子说"义"。

孔子在"仁"之外，又重视"礼"。他也把"智"和"仁"并列，说什么"智者乐水，仁者乐山""智者动，仁者静""智者乐，仁者寿"。

他又说："人而无信，不知其可也。"人如果不诚信，不知道怎么能够生存呢？可见"信"也非常重要。

仁、义、礼、智、信之外，又陆续出现一些德目，希望大家共同遵守。

到了民国时代，青年十二守则列举了做人做事的重大原则，好像认真背诵，好好记住，并且确实去做，就是理想的完成。

往昔的日子，只要遵循古礼，便是达成目标。

中国人实在十分幸运，一切事情，都有人替我们安排，随时提醒我们，要大家这样那样，不许如何如何。

人的理想，依据演绎法，只要力行五伦，切实做到"父子有亲、君臣有义、夫妇有别、长幼有序、朋友有信"，把父子、君臣、夫妇、长幼、朋友这五种关系，处理得十分妥善，于是社会有秩序，大家都可以获致最大的利益，而个人的理想，也就顺利达成。

现代社会，了不起加上"服从法律、善尽国民义务、注重环境卫生、加强环保意识"，至于从事什么行业、恪尽哪些责任，完成何等使命，好像不必计较，一切"尽人事以听天命"，便能够心安理得。

二、不良的现象

目标悬得太高，使大家说得多，做得少。

往日的中国人，大家都"战战兢兢，如临深渊，如履薄冰"拿"以天下为己任"，作为共同的理想。

由于境界过高，言论上"凡事先问义利，再定取舍"，行为上却很难配合，弄得虚伪造作，名不副实。

大家好像没有注意到，当年孔子、孟子所提出的道德理想，应该是针对当权的诸侯或士大夫，期盼他们以天命为诚，行仁政、施教化，以造福老百姓。在他们看来，一般愚夫愚妇，实在不适宜给予这么高的要求。

最不幸的，则是大家念念不忘既有的德目，逐渐失去独立思考的能力。一天到晚背诵，哪里有自由思索的空间呢？

小学时代，认为自己是国家未来的主人翁；大学尚未毕业，就立志以天下为己任。等到才子梦醒，三不朽落空，才发觉原来都是"骗人"的，因此混一天算一天，马虎过日子。

有一些人，由于家庭的鼓励，以及社会风气的影响，设法出国留学，尽力久留不归。结果发现"异国奋斗的不易""个人与国家的冲突"，以及"国家不能统一的悲哀"，感染了多重的人格分裂症，而苦闷不已。

也有一些人，热衷于批评传统末流的腐朽、无能、堕落、伪善、阻挠进步。整天批判这个，埋怨那个，却又找不到自己的出路。

更有一些人，全盘接受西方社会，特别是美国的观念，重金钱、敢享受、不断创新，并且激烈地竞争。但是，等到年纪稍长，竟然发现金钱与舒适的物质生活，并不是最重要的东西，这才察觉到得来的并不多，而失去的实在太多。

接受古人的理想，反而不能确立自己的目标。

凡此种种不良现象，都是由于"只知道接受理想，而不能够自己确立目标"。

梁漱溟先生说："中国文化或者是走上了一条过分早熟的道路。过分偏重安身立命的结果，对于科学知识的追求失去兴趣，其结局几至于亡国灭种。"

圣人的安身立命，是经由观察、分析和体会得到的道理。大多数的人，则是依据演绎法，从别人那里获得自己的理想。既然不是自发的，并非发自内心的，不但不能产生力量，甚至会引起盲目的反感。

设定目标，必须符合自己的程度。过分好高骛远，必然徒劳无功。一次、两次不能达成目标，就会产生挫折感，使自己对目标丧失信心。

成功是一步一步得来的，成功的体验更是逐渐累积而成。以自己目前的能力为基准，设定容易达成的目标，进而逐渐提升，积小为大。

目标必须由自己设定，我们应该仿效圣人的，其实是如何经由实际的观察和分析，配合自己的体会，归纳出自己的目标，并进而统合为理想。

往日的做法，产生许多不良后果。身为现代人，必须勇于有所突破，走上崭新而有效的途径。

三、现代的方式

现代人最好采用归纳法来建立目标。

归纳法和演绎法的差异，在后者由普遍的法则，推论到个别的、单独的事项，而前者则由个别的、单独的事项，归结到普遍的原则。

前面举过的演绎法三段论证：

凡人皆会死。

张三、李四、王五皆是人。

所以张三、李四、王五皆会死。

如果改用归纳法，就会变成：

张三、李四、王五皆是会死的。

张三、李四、王五皆是人。

所以，凡人皆是会死的。

归纳法必须经由观察、实验、假设、证实的过程，才能获致结论。

从各方面的需求来归纳自己的目标。

现代人建立目标，最好改采归纳法。首先把自己对各方面的需求，做一番比较深入的探索。例如：

1.在生理的需求方面，分别从生理需求和保障需求两大项目，来界定自己的欲望。

生理需求是生存必需的基本需求，也就是满足最低限度衣、食、住、行的需求。如果自己仅求糊口，无更高的欲望，那么自己的目标，即在满足健康、饮食以及性的基本欲望。保障需求意指避免危险，希望安全，不愿被解雇，要求过安定的生活，而且最好不要被上司责骂。如果自己期盼安全、享乐、置产、安定，那么以"找个好靠山，终生有依赖"为目标，多半能够获得满足。

2. 在社会的需求方面，分别从爱情需求和尊重需求两大项目，来了解自己的欲望。

爱情需求包括交换情感、集团结社，以及模仿心目中具有好感的对象。如果自己不喜欢独处，希望在群体中受到大家的认同，就要以"建立良好人际关系"为目标。尊重需求则一方面要满足自己的信心和自尊心，一方面要得到他人的尊敬，这时候"提升自己的实力"和"塑造良好的形象"便成为不可缺少的目标。

3. 在自我实现的需求方面，分别从自律需求和自我实现两大项目，来衡量自己的欲望。

若是要求自己获得充分的自由，可以自主地从事自己的活动，那么目标定为"自律自动"，应该比较合适。如果希望发挥能力实现自我创造，完成某些大事，则目标定在"修己以安人""己欲立而立人，己欲达而达人"，并不算过分。

一般人都有需求，只是没有加以探索和整理，不明白究竟自己有哪些方面的需求，而又需求到什么程度。

换句话说：一般人的需求，仅仅为了"大家都这样，所以我也不想例外"，并没有强烈的需求意识。这样，有需求和没有需求，实际上都差不多。我有这样的需求，好像是这样的，但是并不十分清楚，而且达成与否，自己也不太介意，似乎没有什么好的办法可以保证获得满足。

现代人运用归纳法来建立自己的目标，首先深入探索自己各方面的需求，获得清楚的认识，才会产生"一定要努力满足自己这些需求"的意识。有了这种强烈的需求意识，一旦把它纳入目标的范围，就会引起坚强的信念，要求自己达到"心想事成"的地步。

不要盲目接受古圣先贤的理想，尽管那些理想是完美的、崇高的，但毕竟不是自己的理想。也不要盲目接受父母或尊长为自己设定的目标，尽管那些目标确实是正确的、可行的，但终究不是发自本身的目标。

但是，同样不可以盲目拒绝古圣先贤的理想，或者盲目排斥父母长上所订立的目标。

既不接受，又不排斥，那该怎么办呢？

归纳目标有三个原则。

首先，明白古圣先贤的理想，以及父母长上的目标当然都是好的，不过自己不应该不经思考，就盲目接受。因为这么一来，自己往往缺乏强烈的需求意识，认为"父母希望我如此，我会尽力而为"。结果被动、消极、提不起劲，以致不能成功。

其次，告诫自己不可以为反对而反对，非要标新立异，树立和古圣先贤相反的理想，确定和父母长上不同的目标，来满足自己的叛逆意愿。有很多案例，证明这样的态度，只能够引起父母的痛心和自己的痛苦，绝对没有好处。

最后，我们应该冷静地拿出古圣先贤的理想和父母长辈的寄望作参考，依据自己的需求，来建立自己的目标，构思自己的理想。这时候，我们可能欣然发现，原来彼此并没有太大的冲突，几乎都是能够整合的。但是，唯经过整合的目标和理想，才是自己真正拥有的东西，有一股力量，驱使自己非达成不可。

成功必须具有强烈的需求意识，而强烈的需求意识则源于自己的内心深处。唯有自己努力探索，用心归纳，最有希望获致成功。

四、目标的制定

想一想自己的理想是什么。

制定目标之前，先想一想自己的理想是什么？如果想来想去，确实是为了"心安理得"，那么，就拿它当作自己的理想。

如果觉得"心安理得""贡献社会"或者"悬壶济世"这一类的理想，并不合适，不妨把自己的理想写下来，经过一段时间，再拿出来看看有没有改变，需要什么样的修正和补充。

理想定好，从另外一个角度，来探索自己的需求。从前面所列举的生理、社会、自我实现三个方面，分别确认自己的需求。然后，检查一下，这些需求达成以后，究竟能不能完成自己的理想？答案如果是肯定的，当然很好。如果是否定的，就应该追究为什么不能完成？找出不能配合的地方，研究调整的可能性。

制定目标的时候，最要紧的是了解自己的"目标意识"。自己问："为什么要制定目标？"然后自己回答。

如果答案是"定给父母或朋友看""有目标比较好"或者"定个目标使自己不会迷失方向"等，就说明目标意识不够坚定，亦即很难获得成功。

假若是"设定目标，必须向目标挑战，非达成不可"，那么，目标意识十分坚定，成功的可能性很大。

目标意识必须自发、自创、自行。

要具备这种意识，必须做到下述三点：

1. 自发的。目标不是他人给我的，也不是写给别人看的。没有人强迫我，完全出于自动自发，希望给自己定目标，让自己来实行。以自己对自己负责的态度，来制定自己的目标。

2. 自创的。我的目标，不在模仿他人，也不存心和人家不一样。我有自己的理想，要成为"我自己"，当然可以有自己的目标，人人可以特立独行，只要不违反大原则，应该自创目标。

3. 自行的。目标是定来让自己实行的，不是叫别人去做。自己光说不练，等于没有目标。既然自行，就要切实弄清楚目标是怎么来的？有哪些具体的内容？是否可行？更重要的是，自己愿意去实行吗？

以自发的心情，制定自创的目标，而又切实地施行，就会觉得自己和目标紧紧地联结在一起，不但有挑战的勇气，而且充满了朝气。因为这是自己愿意的选择，丝毫没有为别人而努力的无奈，也不会产生不得不做的苦恼。

把目标分成长期、中期和短期。

目标大致可以分成长期、中期和短期。长期目标是人生的终极目标，属于"百年树人"的性质，需要一辈子的努力，在"盖棺论定"的时候，才能够核定成果。

为什么要盖棺才能论定呢？因为只要人活着，就可能变好或变坏。人死了，一切都固定下来，划出一条休止线，这时候算总账，当然比较明确。

长期目标，和人生理想很接近。大家的想法，在长期目标方面，几乎都差不多。不外乎"好好做人，好好做事"成为大家心目中喜爱的人。而最终目的，则摆在"心安理得"。

中期目标，属于"十年树木"的性质。我们建议，以三十六岁为中期目标，明确地列举自己到了三十六岁，这一棵树木要长成什么样子。例如：

1.品德方面：有责任感，能约束自己，给人一种可靠、积极、向上的感觉。

2. 学识方面：大学毕业，找到自己的兴趣，具备深入研究的基本学识。

3. 能力方面：能说、写、听、看中文和英文，有解决问题的基本能力。

4. 生活方面：没有不良嗜好，能明白生活的意义，不奢侈，懂得安排自己的生活。

5. 事业方面：找到自己的事业，并且建立良好的基础，从此不三心二意，能够坚毅奋斗，全力以赴。

6. 家庭方面：已经结婚生育子女，三代同堂，家庭生活和谐而有乐趣。

7. 社会方面：加入社团，有一些志同道合的朋友，愿意为社会做一些初步的回馈。

8. 国家方面：热爱自己的国家和民族，有公德心，遵守法律，成为好公民。

这只是案例，绝对不是模式。每一个人，要有自己的"三十六岁成功目标"，不能够抄袭，应该自创。

短期目标，属于"一年种花"的性质，必须更为具体，以便在今年之内，全部完成。由于一年一度，所以也叫作年度目标。例如某甲为高中学生，今年的短期目标为：

1. 品德方面：无论课业再忙碌，父母交代的事情，一定如期完成。参加社团活动，凡承诺分担的工作，务必切实做到。

2. 学识方面：自己先修《拓扑学》。

3. 能力方面：自己的问题，先想好解决的方案，再请教父母或师长，以养成解决问题的能力。

4. 生活方面：彻底戒除"看人抽烟也想抽"的念头，以免养成坏习惯。

5. 事业方面：决定自己的职业方向。

6. 家庭方面：和弟弟好好相处，做一个好哥哥。

7. 社会方面：从社团活动中增进自己的社交技巧，增强自己领导和被领导双方面的修养。

8. 国家方面：关心国家大事，了解重大政策。

每年春节，通常有较长的假期，这段时间最好用来检讨去年的目标是否全部达成，并且继续制定今年的目标。

当然，年度目标必须配合中期目标，而中期目标也应该符合长期目标的理想。这样，才不会互相矛盾，或者走很多冤枉路。

五、可行的分析

排定自己的优先次序，以自我诊断。

首先，我们来测试一下，自己的人生目标究竟是什么？下面有十个项目，请仔细考虑，然后排定自己的优先顺序，并且把选定的次序数字填入各项目前面的括号内：

（　）追求快乐。

（　）实现自我。

（　）心安理得。

（　）获得社会的肯定。

（　）有丰厚的收入。

（　）生活安定。

（　）受人欢迎。

（　）追求理想。

（　）有重大发明。

（　）能指导他人。

排定次序之后，反过来检讨自己现在的生活或行为，是不是符合自己的人生理想？

这种理想和现实的距离，便是"自我诊断"的报告。依据诊断报告，再来思考：有什么办法可以缩短彼此的距离？

于是，我们会找出许多理由。这些理由代表"负面的原因"，告诉我们"不可行的因素"。

这时候，我们要向另外一方面去思考，找出"正面的原因"，亦即发现"可行的因素"。

例如：自己希望受人欢迎，却发现事实上有很多人并不欢迎自己。负面的原因，往往是"课业太忙，无法帮助别人""不够帅气，不能吸引他人"或者"这些人水准太低，不了解我"。赶快向正面去想，"课业再忙，总有一些举手之劳的事情可以做""有些人长得比我难看，照样受人欢迎""不可能一辈子只和高水准的人打交道，所以也需要让水准低的人了解我"。

很多事情，原先认为不可能的，后来都成为了可能。实际上"天下无难事，只怕有心人"啦。

三十岁以前应该多方尝试。

我们当然承认有些事情确实是不可行的，但是，那是三十六岁以后的事情。三十岁以前，什么事都可行，因为"三十而立"，三十岁以前还可以立的原因，分述如下：

1. 可塑性高。年轻人最可贵的地方，就是弹性大，可塑性很高。趁着年轻早日立定志向，提早实地去努力，成功的概率很大。

2. 干扰素低。年轻人环境比较单纯，负担不重，外来的干扰因素很低，自主性较高，可以集中时间和精力，做自己想做的事情。

3. 机会较多。年轻人最有利的条件，在于容易获得机会。学习的机会多，尝试的机会也多。许多人看见年轻人，乐于教导他，帮助他，实在十分有利。

正当的事情，就可以勇敢去尝试。

只要是正当的事情，趁着年轻，多尝试、多学习。一方面可以实际测试自己的兴趣和能力，一方面也可以了解和培养自己的理想和实力。

遇到挫折，不要马上认定自己不行。这时候不妨多试几次，用心学习，并且请教可靠的长者：应该怎么改善，才能进步？

如果一试再试，效果仍旧不佳，而且有许多人，都善意地劝阻自己，不要继续尝试。这时还要问问自己：愿意从此放弃吗？自愿放弃，就列入不可行的项目。

除了不可行的项目，都属可行，所以道路依然十分宽广，用不着担心害怕，或者灰心丧气。

六、分段的目标

前面说过，目标分为长期、中期和短期三种。短期目标的实施期间，可以从每年的元宵节开始，到当年的除夕。春节假期，正好作为检讨和拟定新年度目标的时间。

年度目标可以再分为季目标、月目标或周目标。

但是，学生配合学年度，以每年的八月一日到次年的七月三十一日为一年。社会人士采用阳历，以元月一日到十二月三十一日为期，甚至配合会计年度，以七月一日到次年的六月三十日为年度，来订立年度目标，均无不可。

要紧的是，不要把一年当作一个阶段，一天一天过去，一直到年度结束时才进行检讨。这种"算总账"的方式，对于目标的达成，会造成"时间已经虚度，悔恨无济于事"的弊端，危害甚大。

我们应该把一年一度的短期目标，分割成为四个季目标，再把四个季目标，分割为月目标。有些月目标，可以分割为周目标，甚至进一步列出每天可以测量的日目标。

每周检讨，逐日反省才有效。

不要等到年底，才惊觉"忽然又过了一年"。不能等到夏天来临，才发现"整个春天一事无成"。每季检查一次，每月查核一次，每周检讨一次，当然最好每天反省一下，以便及时调整，把握时间有所补救。

基督徒以星期天为安息日，便是希望我们每周抽出一点时间，进行一番自我评估。但是，凭空反省，实在不如制定周目标，然后依据目标逐一核查来得有效。

例如今年的目标是增进自己的英语会话能力。那么年度目标定为"活用英语会话两百句"，季目标即为"每季活用英语会话五十句"，月目标可定为"每月二十句"，周目标为"每周五句"，日目标定为"每日一句"。这样，一周当中，偶尔由于突发事件不能学习英语会话，七天下来，五句的目标也依然可以达成。一年间"截长补短"，并且随时在赶上队伍，应该有把握达成目标。

把年度目标分成几段，确立分段目标，然后逐段核查，及时赶上，此乃确保按时完成目标的有效方式。

最可怕的借口，是"没有时间"。其实，时间要靠自己安排。安排得妥当，自然就有时间。

每一个人，都应该定期或不定期地重新了解自己的时间，到底是怎么运用的？换言之，尝试分析自己从早上起床到晚上睡觉之间，究竟做了些什么，便可以明了自己在时间的运用上面，是不是合理。

全面分析自己的生活流程，可以从星期一开始，早晨起床之后，以十五分钟为单位，观察并记录自己在做些什么。这样就能够了解一天当中，哪些时间被白白地浪费掉。然后试着把那些认为没有时间去做的事情，安排在这些被浪费的时段里，看看能不能有效地达成目标呢？

一天当中，人应该拥有一些"什么也不做"的时间，但是占的比例不能太长，否则就是浪费时间。

自发的人生理想，变成长期奋斗的目标。依据长期目标制定三十六岁就必须达成的中期成功目标，再每年定好能够配合中期目标的年度目标。同时，将年度目标分割成为季目标、月目标、周目标，甚至日目标。于是逐日切实施行，当天验收成果。如果时间运用得合理，必然能够如期达成目标。

但是，能够达成的目标，需要强烈的自愿达成意愿。所以对于目标的确立，采用归纳法，把自己的需求归纳成为自己的目标，是一种比较有效的方式。

　　培养自己的归纳力，使自己能够明确地归纳出自己的行动目标，明白自己可能成功到什么地步，乃是成功的必要条件，具体说起来便是自己具有充分的信心。

　　目标尽可能用数量来表示，不能量化的目标，也要力求具体。愈具体愈方便分割，也愈容易正确地评核。

叁　同时兼顾成家和立业

阅读本篇，有助于了解：

1. 什么叫作兼顾？

2. 为什么要求多方面平衡发展？

3. 什么叫作完整？

4. 为什么绝对倾向使人不幸福？

5. 什么样的人生，才能美满？

6. 真正的喜悦，有什么象征？

7. 虚有其名，为什么并不充实？

8. 怎么由敬业而乐业？

9. 人的性格，由谁来决定？

10. 成功和智慧，有什么关系？

兼顾就是重视整体的关联性，力求平衡和稳定。

大自然中各种息息相关的因素组成一个生态网，借着互相消长与生克的关系，维系着整体的平衡和稳定。

中国人自古以来，重视整体的关联性。我们常说的"阴阳五行"，并不是构成宇宙万物的"元素"，而是在生生不息的流变中，万物状态或功能关系的"呈现"。

拿现代的话说，宇宙是一个大系统，这个大系统的万事万物，彼此互有关系。有时此占优势，有时彼占优势，呈现相生相克的状态。但是彼此之间，拥有相同的价值，缺一不可。

成功的人，必须多方面平衡发展。

人也和宇宙一样，是一个大系统。其中有人有物，需要精神涵养，也需要物质供应，才能够内外兼顾，而获得真实的幸福。

孔子教育弟子，"德行""言语""政事""文学"四科并重。现代学校教育，正常的话，也是德、智、体、美、劳同样重要。

曾子把实现人类幸福的途径，展现为一个十分详细的程序，分别为格物、致知、诚意、正心、修身、齐家、治国、平天下。

这些说法，都在提醒我们，一个成功的人，应该是各方面平衡发展而且稳定成长的。

有人身体十分健康，却不觉得幸福。因为他缺乏谋生的能力，生活得很困苦。

有人家财万贯，在社会上也很有地位，却由于没有一男半女，而常感遗憾。

也有人福禄两全，而天寿早逝，令人非常惋惜。

不错，天下事圆满难求。中国人也知道求全不易，却不折不挠地企盼能够"委曲求全"。

求全的意思，并不是"样样得第一"，每一方面，都要出人头地。

中国人求全，其实是"兼顾各方面"，求得"整全的追步"。不要专心致力于此，忽视了彼。因为彼此对人生来说，乃是同等重要的。

各方面合理发展才叫作成功。

我们的看法是，过与不及都属失败，只有"中"可以成功。"中"就是"合理"，所以"各方面合理发展"，才叫作成功。

现在分成六个项目，来探究什么才是各方面合理的发展，分述如下：

1. 做一个完整的人：崇德、广业、厚生。

2. 做一个幸福的人：家庭事业兼顾并重。

3. 做一个美满的人：公私、内外、上下。

4. 做一个喜悦的人：能忙碌也懂得休闲。

5. 做一个充实的人：实至名归名实相符。

6. 做一个智慧的人：有智慧能善用知识。

一、做一个完整的人

完整的人，最具有价值。

植物顺着自然的法则，春天开花而秋天结成果实，有生命的效用却缺乏知觉。

动物有低级的知觉，如性欲、食欲。也有生命的效用，例如牛耕田、马拉车、狗守门、鸡司晨，但是这些效用，并没有什么价值和意义。

人有效用，也具有知觉，更含有辨别是非的能力，产生价值的意义。

我们时常听见这样的话："人做到这种地步，实在没有价值。"

最有价值的人，我们称为"圣人"，圣人就是最完全的人。可见做一个完整的人，才是做人的成功。

完整指崇德、广业、厚生三方面兼顾。

什么叫作完整的人？中国人认为："崇德、广业、厚生三方面都能够兼顾，便是完整的人。"

1.崇德。

崇德便是"发扬盛德"。中国人对于道德的意义和内涵，并没有明确的界定。我们深信人有良知良能，可以掌握自己的良心，达到盛德的境界。

儒家的道德理想，简单来说，是"仁心"。今天世界上普遍反贫穷、反种族歧视、反暴行、反侵略、反剥削、反极权政治、反经济垄断，其实都是仁心的表现。

仁心的原则超越地域和时代，现在有些人拿"多元化"或"相对比"来否定仁心的超越性，实在是造成现代人迷失中心思想的主要祸端。

刘述先先生认为："世间有变易与不易的成分，我们要在紊乱中维持自己宁静的眼光，理出一条头绪来。这样才能不失自己内心的主宰，一方面维持人心的超越原则，一方面反省仁道在现代的现实方式。"

以现代化的方式来实现仁心，就是现代化的崇德。

2.广业。

广业的意思是"开展事业"。人的一生，立德是最高的境界。但是德行的表现，最具体的莫过于事业的发展。因为开展事业，不能仅凭智慧、钱财或技艺，还得要有良好的德行，唯有这般才能持久发展。

《易经》把"崇德广业"看作人生的常轨，认为"增进素养，扩大事业"，乃是合理行为的门路。可见广业和崇德，应该是互相衬托、相得益彰的。

中国人主张三不朽，便是"立德、立功、立言"。崇德有如立德，广业正是立功的一种表现，如果再把自己的言论，系统化地整理出来，完成立言，那真是三不朽了。

现代流行关系企业，事实上就是"广业"的应用。横向或纵向的扩张，使自己的事业基础更为稳固，而且此起彼落，此落彼起，减少很多风险。事业做得广大，才能够立于不败之地，不致随景气的起伏而发生波动。

3. 厚生。

崇德广业之外，厚生十分重要。厚生的意思是"使人民生活丰足"，在这里则指"扩大事业经营，对内要照顾员工的生活，对外要善尽社会责任"，使赚来的钱获得合理的运用。

一个人赚钱固然要紧，怎样适当用钱，也是非常珍贵的智慧。古人说："取笑一块钱的人，总有一天会为一块钱而哭泣。"今天有些人看不起一块钱，认为"就算在街上踢到一块钱，我也懒得弯腰把它捡起来"，这种人对金钱的价值缺乏了解。但是，看到一块钱，毫不在意地随手把它花掉，这种人同样不明白金钱的重要性。

因为崇德广业而获得的金钱，必须在不浪费的原则下，把它用在有意义的地方，造福社会人群。

修养自己的品行，开拓自己的事业，造福自己的社会。这三方面都能兼顾，同时有正常的发展，这便是一个完整的人。

二、做一个幸福的人

绝对倾向使人不幸福，但是很难摆脱。

放眼看去，人类不但不能幸福，而且有很大的危机。汪少伦先生研究人类不幸福的原因，他指出人类在四种基本欲望，亦即生存欲望、异性欲望、权力欲望与合群欲望方面，都有相当严重的绝对倾向。他说："如就生存欲望来讲，个人不但要设法保有自己或相对求生，而且要绝对保存自己或绝对求生。因为个人要绝对求生，所以个人不但多好生恶死，而且多贪生怕死；因为个人多贪生，所以凡有益于个人生存的东西，无不极力追求。财产或金钱是可以换取各种生存物品的，例如饮、食、衣、住等，所以财产或金钱有益于个人生存。因为财产或金钱有益于个人生存，所以个人无不尽量设法争取财产或金钱。财产愈大愈好，金钱愈多愈好。为争取大的财产，不惜运用任何手段，甚至于极卑鄙的手段；为争取多的金钱，不惜付出任何代价，甚至于本身的生命。"

异性欲望也是如此。"例如个人不但求爱，而且贪爱。因为个人多贪爱，所以在主观上，男人无不希望多有几个女人，女人无不希望多有几个男士。男人多说：'文章是自己的好，太太是人家的好。'而女人多说:'美丽是我的第一,先生是人家的第一。'现代心理学家亦多承认人类有多偶倾向。个人既绝对求爱,自然要绝对恶弃。因为个人绝对恶弃,所以男人尽管自己希望多有几个女人,却不愿自己的女人去爱别的男人,自己女人如爱别的男人,自己必大吃其醋。女人尤其是如此,所以女人的醋劲更大。历来情死与情杀多为醋劲或恶弃的具体表现。"

权力欲望更是如此。"在消极方面,个人无不尽量追求自由,在积极方面,个人无不尽量追求地位或权力。因为追求自由,所以希望外来干涉愈小愈好,以便本身能尽量发挥自己的个性。倘使外来的干涉稍多,则不惜加以反抗。反抗的结果,即使牺牲性命,亦在所不惜。因为追求地位或权力,所以希望他人能接受自己的命令,或者以自己的意志为意志。倘使他人接受自己的命令,便觉得光荣;倘使他人违抗自己的命令,便认为是一种耻辱。"

至于合群欲望,实际上也不例外。"大多数人不但喜欢'交朋结友',而且喜欢'植党营私'。不但自己所属组织的价值超出一切价值,而且自己所属组织的利益,也超出所有的利益。自己所属组织的言论,即为绝对的'真';自己所属组织的表现,即为绝对的'美';自己所属组织的行动,即为绝对的'善';自己所属组织的领袖,即为绝对的'神'或'上帝'。为了实现自己所属组织的利益,不但国可卖,而且族亦可灭。"

偏道思想形成绝对要求，使人不幸福。

无论哪一种欲望，一旦走上偏道，形成绝对的要求，这个人就毫无幸福可言。

《红楼梦》中的《好了歌》说："世人都晓神仙好，只有儿孙忘不了！痴心父母古来多，孝顺儿孙谁见了？"汪少伦先生认为"天下无不是的父母"，只是少数伦理学家的理想，而"天下无不好的儿女"，却是普遍的事实。可见父母对子女大多盲目地爱、过分地爱，以致"害生于恩"，使子女失去一部分幸福。

父母之爱尚且如此，其他的偏道欲望更不用多言。人要幸福，必须对各种欲望，都加以理性管制。不但考虑自己的需求，而且要考虑他人的欲望。唯有择善去恶，调和理欲，才能获致真正的幸福。

成功的人，必须家庭与事业兼顾并重，缺一即难以幸福。而在兼顾并重之中，应该把握"既知有我，也知有群"的原则，不但不可强调"为自己活"，也不必勉强自己"为他人活"。这样的成功，才有幸福可言。

有事业却失去家庭，终究有缺憾。有家庭而没有事业，家庭也不能幸福。两者并重，家庭与事业兼顾，便是幸福的成功者。

三、做一个美满的人

公私兼顾才能美满。

《吕氏春秋》说:"天无私覆也,地无私载也,日月无私烛也,四时无私行也。"宇宙天理乃是大公无私。

孔子的儿子叫伯鱼,有一次陈亢问他:"令尊有没有单独教你一些别人学不到的东西?"伯鱼回答:"从来没有。"可见,孔子教学从政,一片公心。

中国人一向赞美"天理公心",鄙视"徇私舞弊"。私心好像就是恶魔,我们毕生努力,似乎也就是为了去私心。自私的人由于私心迷窍,经常因私害公,遭到失败。

不错,人应该"立公心",才能够成功。但是没有私心的人,照样有"私的一面"。例如"私生活""私人的积蓄""私交""私人的小秘密",只要不危害天理公心,个人的隐私,应该受到尊重。

有些人公而忘私,一天到晚忙于公事,对于私人的交谊,一概置之不理。说起来这种人不是不了解天理公心,便是有意拿天理公心来掩饰自己的私心。因为私人的交谊也是天理公心的一部分,不理会私交的人,内心仍旧是自私的。希望把全部的时间和精力投入公务，以求取自己的成就，却不理会亲戚、朋友、邻居的感受，难道还不够自私？可见过分强调"公的部分"，很难掩饰"私的部分"。真正没有私心的人，必然公私兼顾，用公心来处理公的事务，同样拿公心来处理私人事务。

任何组织都有内外之分，于是有些人和自己人十分相好，却和外人经常吵架，也有些人善于攘外，而拙于安内。偏重于内和侧重于外，实际上都不能成功。

有友爱的兄弟姐妹，在家时固然很好，缺乏彼此照顾的朋友，出门时就会觉得人地生疏，十分不便。

同班同学处得很愉快，可以互相切磋，如果常常和高班或低班的同学吵闹打架，始终是一件令人遗憾的事。

与组织内同事融洽相处，有助于工作的进行。和组织外大众相处，也应该维持良好的关系，对于工作的扩展，才会有所助益。两者失其一，对工作都有不利的影响。

内外兼顾，也不是一件简单的事，必须有心如此，而且用心去做。不能把自己局限在内或外的界限里，只知有内不知有外，或者在压制自己讨好外人，都是有害无利的。一个人希望成功，应该养成内外并重的习惯，并且时时提醒自己，切实不偏不倚。

任何偏失、缺陷，都不够美满。

上下之间，更容易顾此失彼。常见有一些人，心目中只有上司的存在，丝毫不考虑部属的实际困难。也有一些人，处处维护属下，却不惜顶撞上级。

在家庭中，父母长上的话，当然很重要。弟弟妹妹的情分，也应该用心维持。如果为了博得父母的欢心，便不顾弟妹的处境，甚至于出卖弟妹，引起兄弟姐妹之间的怨恨，久而久之，父母的欢心消失，留下来的只是长久的痛心。例如大哥比较有钱，便大肆铺张，为父母做寿，却硬性规定弟妹分摊费用。弟妹无可奈何，只好照办，内心却十分不服，就会伤害兄弟的感情。

欺侮低班同学，在学校中颇为常见。结果低班同学集体反抗，或者投诉更高班学长，引起校内的不安，对于自己的求学与交友，都有相当不利的阻碍。

"看上不看下"，意指只知上级的命令必须遵行，不知下属真正的痛苦和困难，虽然短时间内，可以压制部属，达成上级的要求。然而长久下来，则会造成部属盲目的抗拒，以及上司对实际情况的不了解，自己便在"上压下顶"的处境中，痛苦不堪。

"看下不看上"，意指只顾部属的权益，不理会上司的苦心，虽然得到部属的拥戴，却由于失去上司的支持，逐渐无力维护部属，终于丧失部属的信赖。

唯有公私兼顾、内外并重、上下和合，才能够成为美满的成功者。任何偏失、缺陷，都不够美满。

四、做一个喜悦的人

喜悦的人，会发自内心地微笑。

成功却觉得人生乏味，当然不喜悦。尽管借酒消愁、看电视解闷，也不能开怀。

真正的喜悦，会使人发自内心地微笑。日本松居桃楼先生写过这么一首诗：

在所有的种子里如果少了一颗"微笑"，

其他任何种子都是无用的。

不管"微笑"的种子是多么细小，

也要尽心去栽培，

让它能够发芽生根。

这是人生旅程中最重要的。

微笑发不出来，成功又有什么用？不喜悦的成功，根本不是真正的成功。做一个喜悦的人，首先要养成"能忙碌也懂得休闲"的习惯。

能忙不能闲，势必逐渐成为"工作狂"。对工作要热心，具有浓厚的兴趣，实在不必到达"狂"的地步。现代人一天比一天忙碌，说是步调快速，其实大部分是"忙东忙西，仍然一事无成"的"无事忙"。

人应该保持适度的忙碌，留一些空闲的时间，一方面调剂身心，一方面反省自己，以求与时俱进。

年轻不可空白，却应该要留白。

常听人说："年轻不要留白。"这是不正确的观念。年轻不要空白，却应该适当地留白。空白是不务正业，游荡过日子，一晃几年，把年轻的日子空过了，十分可惜。留白则是适度休闲，因为休息得宜，才能走更远的路。

遇到难题，拼命反复思考，往往想不出什么良策。这时暂时停止，让脑筋休息一下，反而容易有所突破。

一天到晚工作，弄得身心疲惫不堪。长期下来，难免产生错误。不如适当休闲，让身心恢复正常。比较有把握选择正确的事情去完成。

休闲并不是罪恶，只是从事正当的休闲活动，对于身心健康有益，也就对工作有帮助。

正当的休闲，不是一般人所说的消遣。当年梁启超先生最反对由于"无聊得很"而随便做一些消遣。认为这是亡国灭种的根源。他说："这种流行病，一个人染着，这个人便算完了；全国人染着，这个国家便算完了。"

梁先生指出："天下最可宝贵的物件，无过于时间。因为别的物件，总可以失而复得，唯有时间，过了一秒，即失去一秒；

过了一分，即失去一分；过了一刻，即失去一刻。失去之后，是永不能恢复的。任凭你有多大权力，也不能堵着它不叫它过去；任凭你有多少金钱，也不能买它转来。所以古人讲的惜寸阴惜分阴，这并不是说来好听，他实在觉得天下最可惜之物，没有能够比上这件的，所以拼命地一丝一毫不肯轻轻放过。"

一个人懒懒散散，当然不可能成功。但是，正当的休闲，不等于懒懒散散，也不是无聊消遣，和爱惜光阴并不相违背，不能算是浪费时间。

成功的人，能忙也能闲。忙得正当，固然很喜悦；闲得正当，又何尝不喜悦。

五、做一个充实的人

虚有其名的人，并不充实。

有些人虚有其名，成功得一点也不实在；有些人则实至名归，获得名实相符的成功。

有名无实，便不算是充实的人；名副其实，这个人才会实在，成为一个充实的人。

怎样做到名实相符呢？有一份正当的事业，由敬业而乐业，并且不忘本，始终抱持"知之为知之，不知为不知"的态度，不断地求取进步。这样一来，比较容易达到释迦牟尼所说"一个人要求高洁的名声，有如点着香火，所发出来的香味，让每一个人都可以闻到"的地步。

梁启超先生说："百行业为先，万恶懒为首。"他认为没有职业的懒人，简直是社会的寄生虫，等于掠夺别人勤劳结果的盗贼。

由敬业而乐业，自然充实。

把职业当作终身努力的工作，就成为事业。有了正当的事业，首先应该"敬业"。梁先生解释"敬"字为"做人最简易、最直接的法门"，他说："凡做一件事，将全副精力集中到这事上头，一点不旁骛，便是敬。"

为什么要敬业呢？梁先生认为"凡可以称为一件事的，其性质都是可敬"，因为"事的名称，从俗人眼里看来有高下；事的性质，从学理上解剖起来并没有高下"，所以当大总统是一件事，开计程车也是一件事。不做则已，要做就必须认真去做，集中精神和力量，把它做好。

当木匠的，做成一张好桌子，和作家创作一本好书，其价值是相等的。大家都在认真做事，便不用彼此羡慕，或者互相炫耀。

敬业之后，还要进一步"乐业"，才能够持久。梁先生认为"苦乐全在主观的心，不在旁观的事"，而会打算盘的人，必须从苦中找出乐来，他说："天下第一等苦人，莫过于无业游民，终日闲游浪荡，不知把自己的身心摆在哪里才好，他们的日子真是难过。第二等苦人，便是厌恶自己本业的人，这件事分明不能不做，却满肚子里不愿意做。不愿意做，逃得了吗？到底不能。结果还是皱着眉头、哭丧着脸去做，这不是专门同自己开玩笑吗？"

乐业的四大要素。

其实，一件工作能被我们当作事业来做，当然具有相当的趣味，只要不断地努力做下去，必然会乐业，梁先生分析其中的原因，列出下面四点：

1. 任何工作总有许多层累曲折，如果真正投入，有如身入其中，从它变化进展的状态，产生亲切有味的感觉。

2. 每一种事业，要想获得成功，免不了奋斗。一步一步奋斗前行，从刻苦中将快乐的分量加添，十分有趣。

3. 工作的性质，常要和同业的人互相比较，好像赛球一般，因竞赛获胜而得到快感。

4. 当我们专心一意从事工作时，把许多游思妄想都杜绝掉，省却无限闲烦闷。从自己事业中领略出趣味，生活增添情趣，人生也增加价值。

梁启超先生是著名的趣味主义者，他觉得天下万物都有趣味，只嫌一天二十四小时不能扩充到四十八小时，不够他享用。他一年到头，为的只是趣味，范围包括劳作、游戏、艺术和学问。

敬业乐业的人，日积月累，就会为大家所肯定，而稍有名气，这时仍应敬业乐业，并且切忌"把虚名当成真正的自己"，以免得意忘形。应该谦虚地明辨自己的知或不知，绝对不可以过分自我膨胀，否则就无法持续进步。终有一天，虚名被揭穿，成功顿时成为泡沫。

不断充实自己，乃是成功的必要条件。不进则退，一旦停顿下来，别人超越向前，自己的实名也会变成虚名。三十六岁成功，到了六十岁，又发现自己远远落在别人的后边，仍是一个不够充实的人。

六、做一个智慧的人

人的性格，可以分为七种。

日本心理学家宫城音弥依照性格把人分为下面七种：

1. 享乐人：缺乏自主性，追求快乐与冶游。

2. 冒险人：脱离社会法则，开创自己的事业。

3. 逃避人：当事业失败时，孤立自己而产生反动的心理。

4. 追求人：不愿接受社会制约，顺着自己的理想，勇敢地向目标迈进。

5.自由人：在不即不离的关系上，过着绝对自由的生活。

6.义务人：忠于社会规则，一切依规范而行事。

7.不定人：不拘泥于世间事务，悠游自在过日子。

他认为每一个人，必定属于其中一种。我们不妨想一想，自己到底属于哪一种？

想了之后，接着问问自己："我为什么会这样？"

把人分类，是一种知识。自己愿意成为哪一类的人，就需要智慧来决定。

我们从生态学的观点，明白"多样的生物，才足以保证生态环境稳定地延续"的道理，知道"各种生物各自发挥功能，在相生相克的动态下，达成宇宙整体的和谐成长"，认识"有了殊异，才有和谐"，因而体会古人"和而不同"的主张，就不必对某一类型的人，产生深恶痛绝的念头。我们可以要求自己，实在不必希望所有的人，都和我走上同样的道路。

"和"的意思，是各种事物彼此依赖、互相克制。"不同"的用意，则在容许不同的性质，都能够有所表现。如果强制要把所有事物，一概纳入固定的模式，那么生机尽失，世界就要趋于灭亡了。

我们中国人，可以说是最倒霉，也最可爱的。自古以来，天灾人祸不断，十分可怜。但是，正由于天灾人祸接踵而来，才磨炼出中国人无比的智慧。

中国人如果知道善用智慧，来运用现代科技知识，可爱的成分就大于可怜。若是一味死背一些知识，却缺乏灵活运用的智慧，那就可怜大于可爱。

成功就是运用智慧，决定自己要走的路。

古圣先贤留给我们的卓越智慧，当下正是我们充分将其发挥的大好时机。如何在自然与人文之间、自由与秩序之间、个人与群体之间、现世与未来之间，取得平衡的和谐，应该是现代中国人努力的重点。

其次，我决定走上哪一条路，成为哪一类型的人，纯属我自己的决定。在"和而不同"的大前提下，只要经过缜密的思考，审慎的决定，每一个人都有权选择自己的前程。所作所为，由我自己决定，也将自行负责。

自愿地选完路向之后，不必刻意"特殊化"，处处要标新立异；也不应该否定"多样化"，把与我不同的人，都视为异类。

今日社会，对"量化"过分信赖，对"人定胜天"过分信仰，对"人欲"过分膨胀，都是缺乏智慧的专业知识人，刻意特殊化，否定多样化的不良结果。

有些人甚至自命为社会的"精英分子"，徒然让别人在背后嘲笑。不必责怪嘲笑的人，因为自命精英的人，多半有知识却严重地缺乏智慧。

善用智慧，思考自己的未来，树立自己的形象，更应该时时保持谦虚的态度。别人称我为精英，尚且要谦让"不敢当"，岂有自己处处捧着"精英"的字眼，招摇过市而不惹人笑话的？

有智慧而没有知识，容易陷入空想，一事无成。有知识而缺乏智慧，就不要埋怨被人当作工具使用，用毕即弃。

成功的人，必须善用自己的智慧来运用知识，以求合理的表现。

三十六岁成功的时候，如果发现自己是一个不完整、不幸福、不美满、不喜悦、欠充实，或者没有智慧的人，其心情之恶劣，可想而知。

要成功，先弄清楚这些条件，包括崇德、广业、厚生各方面兼顾，家庭与事业并重，公私、内外、上下面面俱到，既能忙也能闲，实至名归以求名实相符，并且有智慧且善用知识，三十六岁成功时，既完整、幸福、美满，又喜悦、充实、智慧，那才是圆满的成功。

心理上有这种准备，就会及早注意到有关事项，从比较整全的角度来思考问题，也从多方面来充实自己，当然可能获得比较圆满的成就。

肆　设法把相关资源组织起来

阅读本篇，有助于了解：

1. 为什么合作才能够成功？

2. 成功与他人的智慧和金钱，有什么关系？

3. 人际关系有哪三个要点？

4. 学识为什么需要组织？

5. 立业为什么要结合众人？

6. 家庭为什么要以和为贵？

7. 什么叫作尽力主义？

8. 群策群力为什么以己力为主？

9. 怎样才能发挥组织力？

10. 为什么要让对方觉得很重要？

单打独斗的时代已经过去，现代讲求群策群力。

现代社会，单打独斗式的成功机会，已经大幅减低。一切都讲求组织，通过群策群力的合作方式，才能够获得成功。

其实，无论求学、修德、立业，以及成家、回馈社会，处处都需要组织。聚合众人的力量，比个人奋斗要有效得多。

组织是一种工具，使人力、物力、设备产生有效的集体运用。组织必须具有目标，否则就会失去组织的意义。

一九六九年，台湾金龙少年棒球队，参加世界少年棒球赛，结果荣获冠军。这一支只有两年历史的年轻球队，居然先后击败历史悠久的日本队及美国队，正是组织力高度发挥的结果。当年某报评论："就培养民族的自尊自信而言，金龙队之奏凯，不但显示了中国人体能的优越和技艺的优越，也证明了中国人组织力的优越。棒球是团体性的比赛，个人的特殊表现须纳入整体的有机动作，相生相成，比起个人的单项比赛获胜，意义尤为重大。对千千万万外国人而言，'东亚病夫'的讥评固然早已推翻，'四个中国人只能凑一桌麻将'的寓言也被攻破。"接着又说："在金龙队所引发的一连串反应中，应该包括对组织的重要性有透彻认识。这是一个以群体对群体的时代，在体育场之外，已经没有多少'单项'可供独行其是的人去驰骋。优秀的个人必须认识组织的重要性，纵身投入，组织也必须使个人能充分发挥他的优点。认真检讨起来，无论政府机构，以至体育团体，本身在这方面该努力的地方是很多的。"

组织力量十分强大，不但机构、团体需要组织，个人也需要组织，把自己所拥有的资源做合理的运用。

组织，其意义是集合一群人共同合作，其是为达成目标所必须使用的工具，而其主要精神，则在把握重点。

运用组织力量来达成目标。

我们在制定目标之后，必须利用组织的力量，使人力、物力、财力与时间，得到适当安排与合理配置，以求顺利而有效地达成目标。

有人说："成功是自己努力的结果。"这句话只说对了一半，另外一半应该是："成功同时要获得他人的支持和肯定。"两句话一起说，才是全部的事实。

就像"人必须为自己而活"只说对了一半一样，"人也必须为他人而活"。

既然别人的支持是成功的要素，那么组织力的运用，就成为成功的主要方法。

组织的运用，是多方面的，兹分为六个项目说明如下：

1. 有组织才有力量。

2. 学识要灵活运用。

3. 立业要结合众人。

4. 家庭要以和为贵。

5. 发展要群策群力。

6. 组织力确保成功。

一、有组织才有力量

成功等于正当地活用他人的智慧和金钱。

成功的人，会动脑筋活用他人的智慧和钱财。凡是有办法汇聚别人的脑力和资金的人，都可能成功。

记住一条规律：要达成自己的目标，别人永远扮演着十分重要的角色。

而每一个人，都会替自己着想。没有理由凭空把他的脑袋和口袋，交给我们来管制和运用。

成功的人，能够以正当的方式来获得大家的支持，使大家愿意提供智慧和财力，帮助他获得成功。

当然，也有人用不正当的手段，强迫他人提供金钱和力量。但是因此而成功的，简直是凤毛麟角，而且一定不会持久。用正当的方式，以正确的方法，才是正道。不但支持的人很乐意，并且会持续地长久支持下去。

要获得别人的支持，除了自己具备良好的品行，令人觉得可靠，善于设身处地，建立良好人际关系，以及拥有真实本事，能够做出一番事业之外，最要紧的，便是明白组织的重要性，能组织而又善于发挥组织力。

组织力的发挥，在组织成立的时候，就可以看出端倪。所以有组织才有力量，意思是说组织必须发挥力量，才能达成目标。否则空有组织的形式，缺乏真正的组织力，是不可能成功的。

绝大多数成功者都拥有良好的人际关系，但是极少数人会凭借良好的人际关系而成功。

反过来说，人际关系可以帮助我们成功，我们却不应该依赖人际关系来获取成功，因为大家都看不起那些靠拍马屁、裙带关系或者血缘、地缘关系发迹的人。

自己有本事，大家就不会嘲笑我们因人际关系而成功。一旦被人家看出没有本事，那就不免议论纷纷，猜测我们的一切，究竟是哪一种关系所带来的？

成功的第一种本事，就是组织。把所有能够运用的资源，都调动起来，发挥有效的力量。这种效果，我们把它叫作"总动员"。

善用人际关系。

组织要产生力量，必须有计划、有目标、有条理、有系统，采用科学化的配合。组织的要素，可归纳为"人与人的关系"和"人与物的关系"两大项目。前者注重人与人间的互动及配合，后者重视人和有关资源的结合。

人和人的关系，要注意下述三个要点：

1. 广布友谊的网络。多方结识朋友，经常提供可能的服务，多联系、多接触，开放而友善地对待他们。

2. 有效地影响他人。绝对不要存心说服任何人，因为人都不愿意被说服。有效地影响他人，则是设法让对方自动改变，而且改变得很有面子。能够用感应的方式，点醒别人，促动别人，自己又不居功，才会有效地影响他人。

3. 获得他人的信任。人很难信任别人，必须经过不断的考验，才敢相信。可见人应该经得起考验，以正道来获得他人的信任。用不讨好的方式来得到别人的好感，以时时警惕、处处谨慎的态度，赢得别人的信任。

在人与资源的配合方面，也要注意下述三点：

1. 爱物而不暴物。中国人的自然观，是"万物顺其本性，在全体的宇宙循环中，欣然贡献各自的功能"。我们爱物、惜物，是出乎内心的真情流露，不是西方式的"因为稀有动植物行将绝灭，必须特加保护；由于古代器物失而不可复得，所以应该妥为保存"。

2. 分享而不独占。对于资源的运用，采取分享的态度，比较容易获得他人的合作。若是一心想独占，他人就会兴起抢夺的念头，抢不过就排斥，有时连人都被整掉。

3. 科学而非艺术。利用资源，尽量科学化。应该量化的部分，要计算得十分精确，以求精确配合。不要把对人的艺术化，用在对物上面，而造成含混不清的不良后果。

二、学识要灵活运用

学识需要组织，才能实际应用。

学识不但要求正确，而且需要组织。陈大齐先生说："要想知识发挥功用，增高价值，必须把许多孤立的具体知识集合起来，组织起来，造成较为概括的知识，更进而造成一则学说上的理论，才能随时可以应用，随时可以遵行。"

他举例说："某甲有一次告诉我大街上有一个疯子。我走到街上，果然看见一个人在那里胡言乱语，动作奇突。我在这次经验里，获知某甲所说，确是事实。如果到此为止，只能证实某甲某次所说的真实，犹未能用以断定某甲必是一个诚实的人。"他认为这一具体知识，还没有多大用处。后来某甲的谈话，就算有时涉及他个人切身的利害关系，却每一次都证实绝无虚伪，也不夸张。这些具体的经验，若是任其各自孤立，依然不能证明某甲的人格究竟如何。如果集合起来，组织起来，便可以断定某甲确实是个诚实的人。可见孤立的知识，必须组织成为比较概括的知识，才能发挥较大的功用。

一个人的学识，若是由背诵、记忆而得，充其量只是一些零星的孤立知识，很容易以偏概全。必须把许多事实集合观察，组织起来，具有普遍适用的价值，才能够灵活加以运用，而获得成功。

灵活运用智识有三个要点。

要灵活运用学识，最好做到下述三点：

1. 博学。孔子希望我们多见、多学。多见就是多认识、多经验、多体会，亦即扩大学识的范围，不要将自己局限在褊狭的领域内，坐井观天。多学则是多方面学习，相当于博学。

2. 归纳。博学所得，往往是一大堆凌乱的知识，如果任其各自孤立而不加以整理与组织，还是效用不大。以博学搜集了许多资料，要归纳出一些简明的原则，才能提高博学的价值，发挥较大的功能。

3. 一贯。原则之间互相矛盾，或者散乱分歧，用起来有时会惶恐而缺乏信心，甚至产生错误。必须贯串起来，达到一以贯之的地步，才能够灵活运用而保障效果良好。归纳是从许多事例中找出原则，一贯则是用原则来统率事例。有了一贯的原则，演绎起来，自然顺利而畅通。

一个人的智慧，要透过所具备的知识，才能够发挥效果。例如一个智慧高超的人，若是根本没有学过有关机械的知识，那么这个人不能制造机械，也不能修理机械，他的智慧就无从发挥。同样地，一个智慧高超的人，如果没有具备成功的知识，也很难走上成功的大道。

对于效果来说，智慧只能产生间接的影响。智慧加上学习，有了知识，才能够产生直接的效果。

成功的人，很少完全依凭智慧，却十分需要学习知识。孔子自称不是"生而知之"的智者，苏格拉底更指称自己"一无所知"，都是希望我们"求取知识更重于凭借天才"。这两位哲人虽然分别出现于东、西两方，互不沟通，却不约而同地要求大家务必"勤于求知"。

智慧不高，勤学的结果，是也能获取丰富的知识。智慧很高，则勤学的结果，是获取的知识更为丰富。陈大齐先生认为智慧是知识的资本，有了巨大的资本，才有经营庞大事业的可能。有了高超的智慧，才有获致丰富知识的可能。

但是智慧的表现，一方面在求取知识，一方面则在组织知识。有了丰富的知识，不能加以组织，应用起来，就不能得心应手。有了丰富的知识，如果紧密地组织起来，便能够灵活地加以运用，产生辉煌的效果。

三、立业要结合众人

结合众人的力量，比较容易立业。

前面已经说过，成功必须获得他人的支持。不能结合众人的力量，就无法获得成功。

美国著名的卡内基研究所，对一万名现职主管所做的调查，显示这一万名主管当中，只有百分之十五的人，是由于专业知识丰富、技术成熟或智慧高超而获得升迁，其余百分之八十五，则是因为能够和别人融洽相处，得到部属的支持，才获得升迁。

事实上，由于工作效率不高而被革职的人，不过占百分之十，其他百分之九十被解雇的人员，则是由于不能获得他人的支持。

立业要结合众人的主要原因，在单打独斗的时代已经成为过去。现在创业的资金，远较以往庞大；立业所需要的人力，也远较往日为复杂。

结合众人的力量，首先要建立良好的人际关系。一般人认为人际关系是指"自己与他人的关系"，实际上人际关系从"自己与自己的关系"开始。

先问问自己："我自爱吗？"自爱当然不是自私，而是自己爱自己。唯有自己爱自己，爱到满了，溢出来，才能够真正地爱别人。

自爱爱人的三大原则。

自爱爱人，乃是人际关系的最佳写照。自爱的表现，通常有下述三点：

1. 富贵不骄傲。富而骄，贵而傲。骄傲的人，易于纵欲放荡。富贵时不能克制自己，便会"饱暖思淫欲"，败坏社会风气。今日社会物质文明发达，欲望高涨的人，不拒绝一切卑鄙污浊的行为，因而可能使自己失去控制，使自己坠入痛苦的深渊。自爱的人，第一个标准，即富贵不骄傲。

2. 贫贱不投机。患难贫穷的时候，最容易失节。历史上像秦桧这一类的奸贼，便是经不起贫贱挑战的失败者。中国人自秦桧害死岳飞之后，为子女取名绝对不用"桧"字。可见"饥寒起盗心"和"贪图富贵而卖主求荣"乃是中国人心目中最可耻的事。

3. 威武不能屈。确立人生目标之后，必须以坚定的意志，不怕艰苦，不避危险，力求圆满达成目标。岳飞的壮怀激烈，文天祥的庶几无愧，以及林觉民的赴难绝笔，都是威武不能屈的勇者精神。唯有威武不屈，才能自救救人，自立立人。

富贵不骄傲的意思是"经济繁荣、生活富裕的情况下，每一个人都应该适度地控制自己的欲望。同时尽量同情别人、关心别人，更进而顾虑到别人的欲望，走上立人立己的成功之路"。

贫贱不投机的意义，在"万一遭遇困难，必须安分守己。千万不可以笑贫不笑娼，也不应该一贫贱就失节，忘记了遵守礼义。富贵而有礼，固然很难；贫贱而守住节操，更加难为"。

威武不能屈的用意，则是"民主时代，好人必须不受坏人的威胁。好人如果斗不过坏人，吃亏的还是好人。作为一个好人，应该有一套本领，而且坚定不移，威武不屈，不怕困难，不畏危险，努力去达成目标"。

自爱的人，用充满自身的爱，来爱别人，也就是善尽"诤友"的责任。经由彼此互相劝善，找出若干志同道合的朋友，然后分工合作，共同创造一番事业。

共创事业有三大要则。

中国人常说"合"字难写，主要是共同创业容易，而合作事业却很难持久。其实，中国人仍然可以合伙，只要注意下述三个要点，还是能够持久的。

1. 一开始就要小心。任何细节，都要考虑大家的信心问题，不要引起任何人的疑惧。大家不起疑，自然能长期合作。

2. 有事情多多商量。不要独断专行，却应该多让大家参与，并且先听听大家的意见，再发表自己的观点。凡事好商量，大家有信心。

3. 逐渐走向制度化。建立制度，使大家共同遵行。只要制度不是抄来的，而且经常微调整，力求合理化，执行时"在制度的范围内衡情论理"，大家就乐于接受。

四、家庭要以和为贵

家和万事成，现代依然如此。

婚姻是人生中十分严肃的课题。家庭的结合，居于两个人全心全意地爱对方。婚姻要成功，双方必须付出无限的爱和真诚的合作。家庭需要美满，应该以和为贵。

第一个考虑的因素是"采取什么观点来找寻结婚的对象"？

如果单纯地想找一个爱自己的人，结局很难美满。若是一厢情愿地找寻自己所爱的人，结局大多相当悲惨。

寻找结婚对象的考虑方式。

中国人的脑筋，一向比较复杂。想起问题来，也应该稍微复杂一些。我们的建议是：

第一，替自己找到一位好伴侣。刚结婚的时候，彼此陶醉在爱中。久而久之，才发现自己所需要的，乃是一位可以终身厮守的伴侣。许多人因此而产生婚变，不如一开始便注意到这个问题，以期未雨绸缪。

第二，替自己的双亲找到一位好媳妇或好女婿。现代人对这种观点，愈来愈不重视。其实，父母是终生的至亲，双亲的感受，怎么可以不注意呢？三代同堂的好处，如今逐渐受到大家的肯定，那么，父母亲是否能够与自己的另一半和谐相处，当然值得关注。

第三，替自己的兄弟姊妹找到一位好嫂嫂、好弟妇、好姊夫或者好妹婿。有些人结婚之后，发觉兄弟姊妹的心都变了，彼此原来亲密的关系，也愈来愈生疏，因而痛苦不堪。后来发现原因出在自己另一半身上，更是难于处置。如果在婚前仔细思考这种问题，应该可以有效地加以避免。

第四，替自己未来的子女找到一位好父亲或者好母亲。婚姻关系的发展，自然进入亲子关系。有些人没有考虑如此长远，直到生育子女，才发现另一半在双亲的角色扮演上，有相当多的问题，已经悔之晚矣。

当然，也有人会思考得更为周到一些，把婚后的同事关系也列入考虑。想想自己的同事，会不会因为自己和这样的人结婚，而产生不良的影响。

结婚前要睁大眼睛，看清楚也想清楚。结婚后最好睁一只眼闭一只眼，设法和睦相处。

为什么婚前、婚后要有双重标准呢？原因十分简单。婚前睁大眼睛慎重选择，才是负责任的做法。婚后呢？要想清楚今日的婚姻，乃是自己慎选所得的结果，一切后果应该由自己来承担，不可以轻言离异，才是负责的态度。

下一代没有理由承担离婚所造成的痛苦。

离婚有什么不好？主要的考虑，最好放在子女身上。子女是无辜的，却终身受到上一代人离婚后衍生的种种不良影响，我们于心何忍？

婚姻的问题，通常由金钱、子女以及其他琐事的看法不同，而引起争执。于是为了避免彼此伤害，双方都不愿意轻易把自己的看法说出来，逐渐流于嗯嗯啊啊、敷衍两句式的浮面沟通。这样一来，维系婚姻的力量逐渐减弱，双方的关系也因而动摇。

家庭的协调，有赖于夫妻双方面对面地正视问题，以坦诚、尊重、体贴的方式，和谐地寻找问题的症结，并且和平地解决。婚姻需要滋养，彼此和合是最有效的保障。

维持家庭和合的主要条件在于爱情专一，多贡献、少要求，同时多原谅、少责备。专一就是专注一处，不分向多处。爱情专一，爱力才会坚厚，不致发生外遇的困扰。贡献与要求是相对的。彼此都"看你怎么样对待我"，就会愈来愈疏远，双方能"从自己做起"，多激励自己，少要求对方。遇到不如意时，多原谅而少责备，家庭自然和谐而令人满足。

五、发展要群策群力

目标组织起来，才能尽人力。

我们已经有了成功的目标，并且希望学识、品德、成家、立业四方面兼顾。虽然看起来似乎遥不可及，却必须认清：唯有如此才能在三十六岁时，获得成功。

前面也讨论过，目标应该分段予以割裂，以便分段完成。这些分段割裂的目标，必须好好组织起来，才能够成为比较完整的体系，有助于整个目标的实现。

目标若是不加以组织，往往会出现"尽力主义"，尽量朝向目标去努力，却不一定有把握达成目标。有人并且理直气壮地称之为"尽人力以听天命"，好像十分符合中国人的传统主张。

实际上尽力主义不能代表尽人力，其中的差异，即在有没有目标组织化。尽人力的意思，包含尽己之力和尽人之力。借他人之力以增强己力，用己力来感化他力，做到群策群力，才是真正的尽人力。

当然，己力为主，他人的力只能作为辅助。有一位好奇的年轻人，看见观世音菩萨手中拿着一串念珠，想必也在念经。于是请教法师道："观世音菩萨在念什么经？"

法师回答："南无大慈大悲观世音菩萨。"

年轻人大惑不解："自己念自己？"

法师说："当然，求人不如求己啊！"

可见群策群力，仍然以己力为主。年幼时要"多听多看少想少说"，尽量吸收长上大人的知识和经验，年纪长大一些，要"多听多看多问"加上"多想少说"，才能够持续有长进。二十岁以后，人家容易把自己当作成人看待，更需要养成虚心请教的态度，以诚恳的心，多向他人请益，获得真正的解答，作为自己的参考。

中国人有种习惯，除非他人十分诚恳地向自己请教，否则不愿意说出自己的观点。因为中国人有一种不好的态度，就是"随时随地喜欢教训别人"，这会引起众人的厌恶。一个人若是轻易说出自己的看法，别人就会认为他在夸耀自己的见识，或者抓住机会教训别人。因此修养良好的人，必须弄清楚对方确有请教的诚意，才会把自己的意见说出来。

在当今社会，希望得到他人的帮助，最好"想办法让对方先说出他的意愿"，而不是自己滔滔不绝，开口就说出一堆大道理。

某甲和人家在一起，只要有人开口说话，他马上中途打断，不是"这件事我最清楚，是如何如何"，便是"不是这样的，事实是如何如何"。请问，这样的态度，能够聚合众人的力量，做到群策群力吗？

中国人最好不要随便作秀。

西方人的教育是"Show and Tell"，不但要"作秀"，而且要到处告诉别人，自己怎样表现，作了哪些秀。中国人切记"锋芒毕露终将造成自己对自己最大的伤害"，因而不可随意炫耀自己。

请试试看，对着朋友谈论自己的得意事，看看他们的表现如何？多半是感觉酸酸的，颇不以为意。

发展事业，有赖众人的群策群力，这时候"有容乃大"成为十分重要的修养。能容少数的人，只能发展小事业；能容更多的人，才能够发展较大的事业。

怎样才能包容更多的人呢？答案是"富有人情味"，让别人觉得"你是一个善于关心别人"的人。一般人总以为，大家所关心的是你的财富、能力、所得与社会地位，其实人们所渴望了解的，乃是"你是不是富有人情味"，能不能从你这里得到他们所期待的关心。

关心他人，最具体的表现，莫过于"让他在你的面前，显得很有面子"。任何人在我们面前得到面子，自然会反过来给我们面子。这样彼此有面子，才能够群策群力。

给人面子的人，真正明白"施比受更有福"的道理，用给他面子来包容他，充分运用"高帽子政策"，效果必然宏大。

六、组织力确保成功

发挥组织力有三个要件。

既然组织力如此重要，那么怎样才能发挥组织力呢？对中国人而言，发挥组织力有三个要件：

第一要件，在于保守秘密。

基本上，中国人不懂得保密，缺乏守密的素养。常见某甲对某乙说："这件事只有我们两个人知道，绝对不可以告诉别人。"某乙满口答应："对，对，不能让别人知道。"

某甲离开以后，某乙觉得很难过，生怕守不住这个秘密，于是告诉某丙，然后严重地警告他："这件事只有我们两个人知道，绝对不可以告诉别人。"某丙也满口答应，然后又告诉某丁。

在这种大家都不守秘密的大环境下，守密的人有福了。因为我们都在用心寻找真正能够保守秘密的人，然后放心地信赖他。

守密带来更多的朋友，也带来更多的资讯，使我们掌握人和信息，易于开拓未来。

主管对部属的事情保密，部属对他更忠诚。部属对主管的事情保密，主管对他更信任。朋友的事情，保守秘密，友情就会加深。

第二个要件，是"公正却未必公平"，亦即做到"合理的不公平"。

众人的事情，情况各不相同，怎么可能公平呢？勉强追求公平，造成众人的怨愤，也让自己觉得十分委屈。

大家的事情，怎么可以不公平呢？不公平大家都不愉快，怎么能够真诚合作？

具有组织力的人，会尽量做到合理的不公平，然后向大家抱歉道："惭愧，实在不是很公平。"大家就会谅解，并且异口同声地称赞道："已经相当公平了，不能再计较了！"

自己声称公平，大家就会背后议论纷纷，因为"机会相当有限，根本不可能公平"。自己谦称"很难公平"，大家比较容易给予谅解。

第三要件，则是"让大家同台演出"。提供机会，让大家一起来参与，组织力才会增强。

中国人普遍喜欢参与，却一直不敢自动参与，因为怕不受欢迎，或不被重视而觉得没有面子。

提供机会，邀请大家一起来参与，抱着同台演出的心情，让每一个人都得到相当的重视。大家不但乐于参与，而且可充分地发挥潜力，组织力必然强大。

让对方觉得很重要，是组织力发挥的基点。

怎样邀请别人参与呢？原则是"让他觉得自己很重要"。

认为自己很重要，几乎是众人共同的需求。可惜一般人只知道盲目满足自己这种需要，却严重地遗忘了他人也有这种急切的需求。

当然，世界上最重要的人，莫过于自己。但是，唯有肯定他人也同样重要的人，才能够满足自己最重要的需求。所以，把大家看得和自己同等重要，并且进一步率先肯定别人的重要性，往往是组织力不可缺少的要件。

发挥组织力，应该有先后的次序。君子先齐家而后平天下，任何人都必须先孝顺父母、爱护家人，然后才会有事业的通达。

组织学识和经验，把家人动员起来，从家和万事成做起，结合志同道合的朋友，发展共同的事业。这样的成功，不但循序渐进，而且基础稳固、持久畅通。

在学期间，通过社团活动，学习活用知识的技巧，以及磨炼人际关系的要领。在家庭中，学习与家人相处之道，获得家人的信赖。然后在社会上，自然能够把大家组织起来，发挥组织力，把握成功的重点。

伍　掌握知己知彼的成功秘诀

阅读本篇，有助于了解：

1. 什么是成功的秘诀？

2. 分析力和成功有什么关系？

3. 成功的人，具有哪些条件？

4. 为什么要知己知彼？

5. 怎样找出自己的成功利基？

6. 什么叫作知境？

7. 知机和掌握良时有什么关联？

8. 应不应该跳槽？

9. 为什么成功也可能是失败之母？

10. 为什么需要及时充电？

知人、知己、知境、知机，是成功的秘诀。

玉不琢不成器，任何人都需要不断地琢磨，才能够获得成功。然而，怎样琢磨呢？这就需要分析，不但要知己、知人，而且要知境、知机，以充分把握有利的情势，达到成功的境地。

我们已经说过，头脑清楚的人，对自己的观念、性格、习惯、兴趣、能力和理想，有正确的认识。这里还要进一步分析自己的观念、性格、习惯、兴趣、能力和理想，是不是符合成功的要件。

于是，我们不妨把成功的人，当作自己的一面镜子。让自己从他们成功的要件中，找出自身的优点和缺点，并且进行一番调整和改善。

分析力是能否成功的关键。

我们常常自问："我为什么搞成这个样子？"可惜大多数的人问是问了，却不热衷于追求答案。因为缺乏分析力，不容易了解自己为什么会怎样。

就算明白自己何以如此的原因，也不知道这样究竟是好是坏，有没有办法可以改变。

换句话说，成功到底有哪些要项，自己的条件符合与否，不符合的部分，能不能改变，乃是我们必须关心的课题，要得到比较满意的答案，就需要正确的分析力。

知人、知己之外，知境、知机也很重要。知境是对所处环境的分析，而知机则是对当前时机的掌握。

人固然有改造环境的可能，但是环境对人的影响，也十分重大。

研究报告指出：美国有许多伟大的人物，如林肯、洛克菲勒、爱迪生和加菲尔德，出生在乡下人家。他们在纯朴的环境中奠定了智慧、品德和体力的良好基础，加上不断的努力，终于获得成功。

但是，生长在乡间的孩子，如果终其一生，都在乡村度过，成功的机会，真是微乎其微。若是不满于自己所处环境的贫困，觉得农村缺乏发展的机会，怀着一颗雄心，进入都市，参与激烈的竞争，往往能够出人头地，凭着不折不挠的精神，踏上成功的大道。

那么，什么时候搬迁最为适当呢？这又牵涉时机的选择，有很多乡下青年进入都市之后，由于没有应付困难的能力，缺乏正确判断的经验，有的开始堕落，有的受人欺骗，有的铤而走险，也有的穷困潦倒。究其原因，一方面是自己的条件不足，一方面则是时机选择不合适。

知人、知己、知境、知机，都需要锐利的分析力，我们分成下面六点，来加以说明。

1. 知己知彼则百战百胜。

2. 知人不易知己更加难。

3. 知人知己还需要知境。

4. 知机才能够掌握良时。

5. 知机有赖良好分析力。

6. 最要紧在阶段性调整。

一、知己知彼则百战百胜

成功的人，必然具有若干条件。

成功的条件，其实并不确定。有些人因此而成功，有些人却因彼而成功。但是看看别人的成功条件，的确有助于自己的分析。

依据小盖洛普的调查，成功的人：

在家庭因素方面，影响较大的，依次为幸福的家庭生活、父母的大力支持、其他家人的协助、幼年时代的生活环境、强烈宗教信仰的家教、得到的教诲以及种族文化的传承。

在学校因素方面，影响较大的，依次为好胜心、良好的习惯、学习禀赋、用功、好成绩、进好学校、老师的影响与鼓励以及想学好技术的愿望。

至于个人特征方面，依次为丰富的常识、充足的专业知识、独立坚忍的意志品质、明确的判断和反应、精明的处事能力、善于领导、善于下决心、善于创造与发明、充分的自信心、善于沟通、关怀别人以及幸运。

家庭对于个人的影响很大，调查显示："成功的种子，不一定要播种在富饶的土地上才能够发芽吐枝。而成功的人，多半生长在充满爱、了解和有教养的家庭。"

不过，尽管儿时的幸福，对日后的成功有很大的帮助，学校的教育也不能忽视。家庭不幸，有时候可以从学校教育中获得支持，奠定以后成功的基础。

学校教育和家庭背景，塑造了人的若干特征。成功的个人特征，以丰富的常识为第一要项，可见学校的通才教育，居于十分重要的地位。

丰富的常识，使人增加以简驭繁、直探核心的能力。专业的知识，使人实际了解所从事的职业技巧，以减少失误并发挥自己的能力。

明确的判断和反应，亦即个人有明确的奋斗目标。美国名人录上的人士，有三分之二认为自己发展已有定位，有清楚的目标。

成功需要先天的禀赋加上后天的努力。

明确的判断和反应无法用一般智商测验来测量，它是天生的禀赋，包括一颗好奇的心以及广泛的兴趣。当然，后天的训练也可以帮助我们迅速理解复杂的概念，并且作出清晰而适当的决定。

精明的处事能力包括组织能力、工作习惯和努力奋发。但是，中国人主张"聪明而不精明"，亦即聪明不要外露，我们以平凡、平淡、平实的方式，加上良好的计划、组织与协调，来处理事情，比较容易获得成功。

善于领导是成功的特质之一。不过，大多数成功的人，不但善于领导，而且会以鼓励的方式，激励部属完成既定的目标。

正确作出决策，善于下决心的人，大多具有强烈的道德观念。中国人主张多问应该不应该，依伦理下决心，比较容易判断是非，作出明确的决定。

创造力与发明主要来自"直觉"，然后再想尽办法去证明。创造力很重要，如何善用它为人类造福，更加要紧。

充分的自信心，表现在"细心预防可能面临的任何状况与敌人"，亦即"有信心应付最棘手的问题"。自信心其实来自充分的准备，有一种"立于不败之地"的感觉，因而具有强烈的安全感。

善于沟通表达，易于获得他人的信任，对事业成功有很大的帮助。

关怀别人，培养仁厚的关怀心，这样获得的成功，才能保持长久的快乐。

命运永远是影响成功的重要因素，不管我们承认与否。人生是一连串的抉择，幸运的人，选择了较大、较有可能的机会，因而得到成功。

这些成功的特征，表现在已经获得成功的人身上，为我们提供了一面镜子，来分析自己的特质，以便适当地调整。

二、知人不易知己更加难

找出自己的成功利基。

我们很难改变自己的家庭背景和学校教育，却可以用心地分析自己的特征，看看有哪些优点，是促使自己成功的利基（Niche）。

分析的时候，有些人坚持"自己最了解自己"的原则。只肯自己用心推敲，对于别人的看法，拒不接受。这种态度，未免太过主观。评核的结果，往往缺乏客观性。

但是，一味依赖别人的分析，恐怕也是"客气多于批评"，得不到真正的结果。

最好的方法，是拿一张纸，在中央画好一条直线。然后仔细想想，把自己的优点写在中央直线的左边，而缺点则写在右边。为了方便评核，尽可能条列式分项记载，并且在每一项目之间，留有空隙，以便增加或删改。

记好以后，拿来请教家人或可靠的友人，询问他们对自己的看法。如果不便开口，用写的也可以。把别人的看法和自己的观点相比较，慢慢就会正确地分析出自己的优缺点。日本高桥诚先生主张自我分析时，要注意潜在力、感受力、信息力、创造力、构想力、应对力、表现力以及生命力的分析。

他的分析方法，是列举一些问题，让我们深呼吸、稳定心情后，按照顺序作答，而且不要考虑太久。认为是的，在题目前括号内画"○"，认为自己不是这样的，就画"×"。然后统计"○"的数目，加以分析判断。

分析自己的潜在力。

举例来说，关于分析自己的潜在力，他列举了二十个题目，条列如下：

（　）1. 到了非下结论不可的时候，比较不会犹豫不决，能够立刻作出决定。

（　）2. 即使失败或犯错时，也不会特别在意。

（　）3. 做事的态度，是彻夜不眠也没有关系。

（　）4. 能够在短时间内，处理很多事情。

（　）5. 就算社会不景气，也相信自己能够做得很好。

（　）6. 经常被推选为小组的领导者。

（　）7. 站在很多人面前发言，并不会脸红。

（　）8. 喜欢和人谈话。

（　）9. 时常替他人解决困难。

（　）10. 众人聚集游乐时，乐于参与其中。

（　）11. 善于控制自己的情绪。

（　）12. 即使发生令人担心的事，仍能安稳地入睡。

（　）13. 对自己的工作或家庭，感到与有荣焉。

（　）14. 自己的事情自己能够解决，不必依赖他人。

（　）15. 对自己所选择的生活方式有信心。

（　）16. 能和比自己年长或年幼的人，相处得很好。

（　）17. 遇到上司或年长的人，仍能不怯懦地说出自己的意见。

（　）18. 认为周遭的人，都可以信赖。

（　）19. 因为有人反对，反而更为起劲。

（　）20. 比起一直思考，更喜欢活动一下筋骨。

画好"○"或"×"之后，分别统计一下，二十题中，一至五题的答案有几个是"○"？六至十题的答案，有几个"○"？同样把十一至十五题、十六至二十题"○"的个数，分别计算出来。

第一至五题加上第十一至十五题答案的"○"数，代表意欲尺度，亦即内在性向的得分。

第六至十题加上第十六到二十题答案的"○"数，代表对人尺度，亦即外在性向的分数。这样，我们得到两组"○"的"和"，有了两个数字，分别从零到十，都可能产生。

于是，内在性向为零至五，外在性向也为零至五的，属弱气型。内在性向为六至十，外在性向为零至五的，属气弱型。内在性向为零至五，外在性向为六至十的，属气强型。而内在性向为六至十，外在性向也为六至十的，则属强气型。

这四种类型，各有不同的特质，分析如下：

1. 强气型。外强内强。无论对人的表现，还是自己的内心，都非常盛气凌人。

2. 弱气型。外弱内弱。温和、害羞。无论在行动上还是在心理意欲上，都呈现弱势。

3. 气弱型。外弱内强。外表看起来很柔弱，内心却非常坚强。

4. 气强型。外强内弱。外表看起来盛气凌人，其实内心意志并不坚定。

我们不一定要做这么多的分析，但是，从健康、学识、信用和常识这四大项目，来分析自己，至少是必定要做的。

三、知人知己还需要知境

寻找合适的工作环境。

成功的人，受环境的影响很大。我们不一定要求顺境，因为面临困境，通常有助于培养待人处事的能力。

幸福的家庭，固然可以塑造成功的人。身居破碎的家庭，如果自己不断努力，同样可以获得成功。

我们已经说过，很难改变自己的家庭和学校。我们这里所说的知境，重点放在"寻找合适的工作环境"。

有人说学识丰富，能力也很好，却由于"入错行"而无法发挥自己的利基。"行行出状元"，是指"入对行"以后，全心投入，竭尽所能的结果。若是"入错行"，选错了工作环境，恐怕很不容易聚精会神去做，因而很难做得好。

家长不要以自己既有的经验，强迫子女从事不称心的工作，老师要以探索的心情，帮助学生寻觅适合自己的行业。而我们自己，更应该以"个性和兴趣"，来寻求适合的职业。

知境就是了解"在当前的大环境下，什么职业才适合自己的学识、才能、体格和个性"，务使自己能够胜任愉快，不致抱怨或沮丧。

有些人为了面子，投入"有面子的行业"，却不管是否与自己的性格相合，结果断送了成功的希望。

有些人自高自大，一下子就要找到"高人一等的职业"，因而屡遭拒绝，顿觉人间冷酷无情。

也有些人只想哪一行业赚钱容易，就往哪一行业跑，丝毫不考虑自己的个性和兴趣，弄得脸上失去笑容，始终提不起精神，根本不可能成功。

发现自己最有兴趣的工作。

学生时代，必须用心探索自己的性格和兴趣，寻找"自己最有兴趣的工作"究竟是什么？

事实上很多学生都弄不清楚自己的兴趣在哪里。反正小学读了升中学，中学毕业考大学，读到哪里算哪里。有些人读到大学四年级，还不喜欢自己所就读的系，下决心"毕业后的第一件事，就是把书本通通丢掉"，因为十几年的苦读，已经使他对书本深恶痛绝。

有人存心继承父业，认为基础稳固，不需要多费心，便能够守成。却不料自己根本就缺乏这方面的兴趣，始终不能专心投入，等到发现守成不易的时候，才悔之晚矣。

有些人则存心不走父兄的老路，一定要另辟蹊径，以免被他人讥为"搭顺风船"，承父兄的庇荫。弄得高不成、低不就，等到回头来，已经是时不我与了。

可是仅凭情绪的反应，很难知境。要找到适合自己的工作环境，最可靠的办法，是"听听父母、师长、朋友的意见，再自己仔细考虑，慎重决定"。

父母对自己的子女，有充分的了解，如果理性地依据子女的性向和兴趣，给予正确指导，而不是硬性指定，对子女会很有帮助。

师长对学生的辅助，以及朋友的意见，都是值得参考的依据。

一个人踏入社会，必须处处谨慎，仔细观察周遭的环境，发现障碍与困难，寻找适合自己的工作。至于是不是真的找到，可以从自己的感觉来判断：当自己精神饱满，对所从事的工作充满信心，不再怀疑是否走错了路，就可以确定已经真正找到自己的兴趣所在了。

四、知机才能够掌握良时

善用自己的尝试错误期。

人类解决问题的方法，有许多种，譬如观察法、实验法、分析法、综合法、归纳法、演绎法以及体会法等等。但是，最原始、最简易的方法，则莫过于尝试错误法。

只要安全没有问题，就可以大胆地尝试，放心地运用试误法。许多事情，若非亲身验证，实在很难体会。自己的性向和趣味，就算做过若干测验，经历某些现场实习，并且仔细考量和推理，毕竟都仅供参考，很难就此获得结论。

我们的建议是：踏进社会的最初五年，应该提醒自己，这是最好的尝试错误期。

一个人进入社会，获得第一份职业，便能够产生很大的兴趣，决心全力投入，而且从来不曾犹豫，丝毫没有跳槽或转业的念头。这种情况，证明自己找对了行业，也掌握了良机，当然不可以三心二意，而应该一心一意地以厂为家，打算长期投入，并且切实去履行。

若是第一份职业，不能使自己满意，无论工作本身或周遭环境，都有所不满，或者工作尚可胜任愉快，而环境则诸多不便，或是环境尚称满意，而工作则难以胜任，这时就不能够因循苟且，过一天算一天。因为拖延下去，可能养成心不在焉的坏习惯，每天上下班却无心工作，不但害了团体，更害了自己。

赶快用心追究，到底自己什么地方出了差错。如果是能力不足，马上设法补救。若是环境欠佳，也要想办法改善。确实不能改变，也不妨看看有没有跳槽或转业的机会。

任何人时常跳槽或转业，经验就积累不起来，组织对我们的信任度也会降低，没有人肯完全相信一个经常跳槽的人。然而，做不好工作，有很多不方便，如果再坚持不跳槽，实在也没有什么好处。

合理的态度，应该是最初五年尽量跳槽或转业，然后定下心来，不再跳槽或转业，以积累经验，成为大家值得信赖的人。

为什么定为五年呢？因为刚刚进入社会，大概还没有成家，不受"先生或太太会不会受影响""子女读书有没有问题"的干扰。变动起来，比较单纯而方便。同时服务年资很浅，就算牺牲一两年的资历，也不心疼。再说，对一辈子而言，这是大好的机会，再不好好把握，等到有了小家庭，另一半的意见，加上子女的升学环境，势必增加很多难题。何况年资一长，舍不得割弃，就会得过且过，混掉大半辈子，把成功的机会都混掉了。

千万不要任意跳槽。

要紧的是，最初五年的跳槽或转业，必须具有"寻觅值得自己全心投入的处所"的意识，有理想、有目的地跳槽或转业，不可由于"多一千元薪水"或"反正差不多"，甚至"转业可以增长见识"，以及"愈跳槽愈有人要"而任意兴起跳、转的念头。

五年是最长的期限，一个人找了五个年头，居然还找不到自己安身立命的处所，不是自己的能力有问题，便是大环境不合适。如果是前者，赶快充实自己、改变自己以求创造自己，来适应环境的变迁。若是后者，不妨找一个可以退隐的地方，避开乱世，也是合理的因应之法。

无论如何，机会要靠自己去分析、研判和掌握，五年的时间，说长不长，说短也不算短，一生的成败，尽在于此，好好地把握，才能够开启成功的大门。

五、知机有赖良好分析力

知机是洞悉事情的因果关系。

把握良机是大家共同的愿望，能否如愿，却有赖各人"知机"的能力。"机"的意思，指"动之微"，亦即"微妙难见的动机"或者"吉凶的先兆"。

任何事情到了相当明显的地步，大家都看得很清楚，这时才要下手，恐怕已经迟了，来不及了。假若在事情尚未显著，征兆刚刚出现的时候，就加以掌握，应该是得到了最有利的时机。

吉凶原是无常，祸福就好像住在隔壁，如果预先将警报系统装置好，我们借着预警信号，就能够趋吉避凶，化祸为福，可见微小的征兆，对我们十分重要。

所有事情，都有其连续性。我们及早注意到它的动向，就可以及时端正它的方向，将其导入正道，避免日后出现分歧。知机便是在连续的程序上，找到因果关系，在"果"尚未明显出现之前，预先觉察可能的"因"，及时加以掌握和利导，以确保获得预期的果。

任何事情，总有其发生和成立的原因，都有其存在的道理。我们每做一件事，每使用一件物，若是探本穷源，把它的成因找出来，有清楚的认识，便能够在刚刚开始的时候，奠定不败的良好根基。

人的成功失败，如果从原因看，追源溯本，往往由于一念之差，而导致失败的苦果。同样一念之正，却可以收获成功的甜美果实。

同样跳槽，其真正原因，只有当事人自己明白。为什么转业，其实在动机，也唯有当事人自己清楚。跳槽或转业的时机适当与否，亟须当事人自己依据主、客观的条件，作一番省察与分析，然后才能正确地判断、决定。这些必须考虑的因素，往往是人所不知而自己独知的。自己能够在一念发动时，如有不善，马上把这不善的念头克制、打倒，不使其潜伏在胸中，这种功夫就是"研几""慎独"。而研几、慎独，都有赖于正确而锐利的分析力。

动机纯正，分析才会正确。

大学毕业生学有专长，按理说应该前途一片美好。但是，一般大学毕业生只知道东一个计划，西一个计划，任凭机会从眼前消逝，或者计划的动机并不纯正，不是贪图眼前、急功近利，就是追求虚名，不能研几、慎独，结果无法把握住大好机会，遭到失败的打击。

没有一个人是命里注定失败的，每一个人，或多或少都有一些机会，问题是机会来临的时候，既不能见机，又缺乏研几的功夫，结果与机会失之交臂，徒增怨责和叹息。

反过来说，若是培养研几的功夫，养成慎独的习惯，一切计划，所有行动，都力求切合正道。既不自怨自艾，也不到处诉苦，能够任劳任怨，静待好机会到来时，立即牢牢把握，像这样的人，当然有成功的一天。

有些人抱怨自己生不逢时，似乎所有好的位置，有出息的行业，都已经宣告客满。随便走到哪里，都找不到立足之地。于是埋怨没有机会，抱怨"余生也晚"，一辈子不可能成功。

分析、分析、再分析，研究、研究、再研究。只要心存公诚、努力不懈，成功之门终会为我们而打开！

六、最要紧在阶段性调整

成功也可能成为失败之母。

为什么有些人成功之后，会一直成功下去，似乎愈来愈成功，有些人却在成功之后，仅仅维持一段短暂的日子，便快速下坠，到达失败的深渊？

不错，宇宙万物，大多呈现螺旋状发展，以一点为中心，渐渐扩大成为一个大圆圈。中心点可以称为原点，生命的旋涡，就是环绕着原点，不断地回转，形成周期性的起伏。凡事很少循着直线发展，往往会回到原点，再次出发。

失败为成功之母，成功也为失败之母。走向成功，到达极高点之后，依物极必反的道理，折返原点，走向失败，好像是十分自然的途径。

看他盖高楼，又看他楼塌了。看他很成功，又看他垮下来。如果这是不能改变的命运，还谈什么"人定胜天"呢？

风水轮流转，有时张三成功，有时李四发达。我们就坐在那里等待"时来运转"，那何必预测、计划？又何必执行、评估、补救呢？

阶段性调整确保长久成功。

成功不难，要维持长久的成功，那就十分不容易了。关键在于是否有做好阶段性的调整。

儿童时期。多听、多问、多学习，自然博得大人的赞美。有些儿童在小学时期，多读、多听、多问，而且学业成绩表现优异，被父母、师长肯定为天才小学生。长大之后，如果始终停留在多读、多听、多问、多表现的层次，缺乏解决实际问题的能力，人家就会讥讽"小时了了，大未必佳"，指责这个人已经"江郎才尽"，没有什么指望了。

中学时代。开始参与课外活动，逐渐培养一些解决问题的能力，并且了解一些人际关系的奥秘。那么，小时了了，到了中学时代，仍然可以被期许为"将来有出息"的年轻人。

考入大学。开始留心自己的仪表，用内心的改变来调整自己的面貌，依"相随心转"的法则来塑造新的面相，借以改变自己的命运。

有些人不注意这一方面的塑造，以致毕业后找工作面试时，遭受很大的挫折。就算到法院按铃申告面试者有"相貌歧视"的不正当态度，恐怕也于事无补。

迈入社会。由于各方面都有相当优异的表现，因而获致初步的成功。具体的果实，就是得到上级的赏识，给予晋升的机会。

升上去之后，才发现原来自己的能力相当有限，很快就抵达"不但不可能再向上爬升，眼前的工作也做不好"的"无能级"。于是自己承受重大的压力，变得灰心而沮丧。上级看在眼里，自是十分后悔，准备寻找适当时机，另觅高明取代。

原来一级一级往上爬，一方面要靠机会，一方面需要有实力。及时充电，具备更强的实力，以便继续往上爬升，乃是维持长久成功的必要条件。可见阶段性的调整，无论在学识、能力、态度以及品德修养，都十分重要。

不断地定位自己，持续地充实自己，阶段性地改变自己，乃是保持成功的不二法门。

阶段性调整就是推动自己不断进步的计划。

阶段的划分，有大有小。自我的调整，最好采取小阶段的方式。任何时候，都当作"现行阶段"，这时放眼未来，就是"下一阶段"。换句话说，时时立足眼前，马上展望未来。常常自问："下一步我应该怎样充实自己？"

自己和自己比，现在和过去比，未来又要和现在比。这样推动自己，使自己"日日新，又日新"，便可持续成功，永不坠入失败的深渊，这才是真正的"人定胜天"，才能扭转"螺旋回转"的先天命运。

至于怎样调整，如何发挥调节力，后面第七章将有更深一层的说明。

陆　用自力互动来创造成功的机缘

阅读本篇，有助于了解：

1. 为什么有些人把成功归于幸运？

2. 成功为什么是不断转危为安？

3. 幸运和努力有什么关系？

4. 为什么人人是贵人？

5. 为什么处处是吉地？

6. 为什么时时是良时？

7. 时和势有什么不同？

8. 自力为什么可以胜他力？

9. 有必要算命吗？

10. 怎样互动才能产生良好的感应？

把成功归于幸运，只能当作谦虚的表现。

中国人成功的时候，常常自谦"运气好"。我们习惯地把成功归于幸运，并不是迷信，而是谦虚的表现。

试问一个人成功之后，如果指称自己的成功，是能力超群的结果，或者是全力投入、长期努力、计划妥当、用心调整等因素带来的果实，听的人会不会服气？会不会反而引起别人的妒火，因而背后恶言恶语，甚至造谣、破坏呢？电视上有一则广告，女主角开口就说："请不要嫉妒我亮丽的头发。"我们听到后，大多数人会觉得"这个人的头发丑死了，一点也不觉得亮丽"。若是一个人自夸"我之所以成功，是聪明加上努力的结果"，尽管他说的是实在话，众人的反应，恐怕多数也是嗤之以鼻。

这绝对不是一般人所谓的"见不得别人好"，而是中国人自古以来，特别看重"谦"德的表现。哪怕是一丝一毫的骄傲，都被中国人视为败德之源，迟早带来败亡的厄运。

前言中提及成功的要素，为"一命、二运、三风水、四积阴德、五读书"。看不清楚的人，就根据这种论点大做文章，指称中国人相信命运，是典型的宿命论者。

其实，"一命、二运、三风水、四积阴德、五读书"，可以"由上往下看"，也可以"由下往上看"。由上往下看，成为"天定胜人"，而由下往上看，就成为"人定胜天"，这才是中国人上下自如的妙用。

先说由上往下看，一个人把"命"放在第一优先的位置，一心一意想靠命成功，命靠不住，就希望好"运"。好运千等万等不出现，于是央三托四，找人改"风水"，盼望风水一动带来好运。不料东改西改，始终没有什么动静，这才想起"积阴德"。积了好久都未见功效，不得已埋头"读书"，却不明白这里所说的读书，其实是"明理"的代名词，根本和"死读书""读死书"扯不上关系。这样一拖再拖，等到有一天终于想通了道理，大概已经虚度一生，再也没有希望了。

由对天的失望，想到用人的力量，乃是天定胜人的明证。天命把人力拖老了，也拖得衰弱了，也就无所用力了。

一切按照道理去做，自然会成功。

反过来看，也就是由下往上看，一个人把"读书"明理放在第一优先的位置，一切按照道理去做，成功的概率自然很大。不过为了小心起见，拿"积阴德"来补足自己可能无意中违背道理所衍生的缺失；再小心一些，拿"风水""运"和"命"来弥补自己"积阴德"和"读书"明理的不足。这哪里是命定论？根本就是"人定胜天"的自我开创者，我们称之为"造命者"。

中国人喜欢造命，所以特别看重机缘，用感应力来自力互动，开创自己成功的命运，其要点如下所述：

1. 成功靠机缘。

2. 人人是贵人。

3. 处处是吉地。

4. 时时是良时。

5. 自力胜他力。

6. 互动有感应。

一、成功靠机缘

成功就是不断转危为安。

踏入社会的最初五个年头，固然是跳槽或改行的最佳时期，然而这并不表示此后一直到退休或老死，都不能跳槽或转业。事实上到中年才改行、转业，开创出灿烂的第二春的，也颇有人在。

不过，愈早跳槽愈没有重大的负担，愈晚改行转业愈需要坚毅的决心和果断力。而不论跳槽或不跳槽，改行转业或固守一行，大多数成功的人，都不能不承认：幸运降临才使自己走上成功之路。

我们已经说过，所谓"命运"，就是人对自己的"选择"。人的一生，正是一连串抉择的历程。

人必有死，死是大家一律平等的生命终点。在到达死亡终点之前，每个人充满了各种供自己选择的机会，因而造成不同的命运。

"运"的意思，相当于运转。人生的过程有如车轮一般，时而向东，时而向西。有时转福为祸，有时则转危为安。转得好就叫作"幸运"，转不好便是"厄运"。

谁在转？自己在转。所以人才是自己的主宰，应该对自己的运气负责。

"命"指"天命"，老天爷的命令，要我们按照道理去运转。不希望我们违背天理，做出伤天害理的行为。

从这个角度来看，天命是确定的，所以"命定"有相当的道理。命定的意思，是说人如果一切按照道理去走，终究会走出好运来。相反地，人若是不按照道理去做，迟早会步入厄运。这种必然的定律，是天命所规定的，谓之命定。

人在运转自己的时候，按照命定的方式去操作，等于司机在高速公路行驶车辆，严守交通规则，自然会带来一路平安的好运。

"尽人事以听天命"，可以解释成"在天命的许可范围内，尽自己的力量去配合"，所以成为"趋吉避凶"，防范灾祸苦难于未然的最佳法则。

把一命、二运、三风水、四积阴德、五读书，顺着来看，认定命的必然性，然后运转得合理，以求获得必然的幸运。

倒过来看，由自己"明白道理、实践道理"做起，积累相当的实践经验，当然比较容易符合老天爷的命令，因而得到更多的幸运。

幸运是自己努力奋斗的结果。

幸运是自己求来的，奋斗得来的。一切按照天命、顺乎道理，怎么会不幸运呢？

人运转自己，循环往复于幸运与不幸之间，这时正确的抉择，便是决定自己命运的主要因素。

运气的好坏，并非偶然。自己运转时的理念与努力，有决定性的影响，所以说"造命在我"，自己决定自己的命运。

但是，有没有正确选择的机会，则无法完全操之在我。遵守一切交通规则，却死于天灾人祸，这只好承认"天定胜人"，人算不如天算了。

人仅能在老天爷给他的机会当中，选择最有利的，然后去运转，这又是"命定"的另一种意义。

老天爷给我们的可能机会，就是"机缘"。机缘良好的人，表示可供选择的机会比较多，而且东挑西拣，多半都是好的。机缘不足的人，眼前可供选择的机会很少，而且挑来挑去，都可能是不好的，奈何？

成功靠机缘，人必须努力充实自己，随时提高警觉，当良好的机缘出现时，会及时抓住，并且正确地判断、抉择，成为真正的幸运儿。

二、人人是贵人

用不讨好的方式来获得他人的赏识。

机缘的出现，最难得的是"贵人"。

请问：在人生过程中，有人赏识、举荐、提拔、栽培，是不是比一切靠自己努力向上爬，要来得轻松、迅捷而且愉快呢？

不错，自己不努力，缺乏真本事，别人不可能来赏识、栽培，就算认真举荐、提拔，最后也因为自己是扶不起的阿斗而作罢。但是有本事的人，如果一直没有人赏识，缺乏有力人士的举荐和栽培，是不是容易受委屈、受埋没呢？有本事而又肯努力的人，加上有人提拔，会不会平步青云，早日获得应有的表现机会呢？

同样的才能，遇到不同的老板，往往产生不同的结果。能够赏识、栽培、举荐、提拔自己，使我们更加顺利地到达成功的境界，这种人士，就是我们所乐见的"贵人"。

贵人贵不贵，并没有具体、明确的标准。我们最大的遗憾，是"当时不知道他是贵人，事后才发现原来我得罪了贵人"，真是"自己跟自己过不去"，因而不得不承认"自己最大的敌人，正是自己"。

我们必须提高警觉：贵人并没有正字标志。他可能很高贵，也可能十分贫贱。他有时显得权势十足，有时却相当平庸。最可怕的是，贵人的出现，既没有瑞云、金光等征兆，也缺乏明显的标示，弄得大家时常错失贵人，因而抱怨有眼无珠，不得不怀疑自己的眼力。

"不识字"固然可怜，"不识人"尤为可悲。而不识人的最大悲剧，则在于"不识贵人"。天老爷这么疼我，派了这么大的贵人来帮助我，哪里知道一时大意，竟然把他得罪了，唉！怪谁呢？怪自己看不清楚吧。

其实，要培养好眼力，并不容易。要求自己能够一眼看穿别人的无能，似乎很简单；希望自己一下子就看出谁是贵人，实在万分困难。

把每一个人都当作贵人看待，最有把握成功。

最有效的办法，是"把每一个人都当作贵人看待"，人人是贵人，结果自然一个贵人也跑不掉，最为上策。

不管他如何对待我，我总以合理的态度对待他。这种情况下，保证一个贵人也不会遗漏，每一位老天爷差遣来的贵人，都被我们用合理的态度所感动，因而提供应有的协助，使我们蒙受福分和利益。

中国人习惯于"由一视同仁到差别待遇"，便是不希望"对人乱下赌注"，以免万一押错宝，对自己不利。

面对陌生的人，一视同仁，用同等合理的态度来对待所有的人。这时候我们尚未察觉谁是贵人，谁又不是贵人，只好一视同仁，给予同样的待遇。

给每一个人都留下良好的印象，就用不着担心谁是贵人？因为贵人一出现，便对我们有好感，自然不致拂袖而去，且会给予我们有力的协助。

把花在察觉究竟贵人在哪里的时间和精力，用来切实修己。

修治自己，让与我接触的人，都有好印象，这才是万全的做法。

对人有礼貌，随时随地将心比心，给人合理的尊重，这些做人的起码条件，是"五伦"的根本修养。

人必先成为一个堂堂正正的人，然后才谈得上五伦。无论父子、夫妇、上司部属、兄弟、朋友，都是具备"人之所以为人"之后的更进一步的关系。

修己的重点，一为"公"，一为"诚"。公就是公正，一切求合理。诚就是诚恳，凡事有诚意。考虑事情，站在公正、合理、客观的立场；与人相处，抱着"人同此心，心同此理"的心情，按照"己所不欲，勿施于人"的道理，诚诚恳恳，实实在在。做这样的人，请问：贵人有什么理由不喜欢帮助我们呢？

三、处处是吉地

工作环境良好，比较容易成功。

机缘除贵人之外，还需要吉地。所谓风水，如果从采光充足、空气流通，以及居住的人心情舒畅、没有压迫感来看，是合乎卫生科学的。

吉地的意思，扩大一些来说，就是一个人所处的环境，是不是适合他本人的实际需要，如果合适，便是吉地。

譬如一个人在劳动时每分钟呼吸的空气约为 40 升，大约消耗氧气 2 升，产生二氧化碳约 1.7 升。从前认为二氧化碳有毒，以为二氧化碳存在量增加与舒适有密切关系，现在已证实并非如此。因为空气中二氧化碳的含量，在 0.1% 到 0.5% 的范围内，并不影响人的健康。现在我们认为较重要的，是增加通风量，利用室外的清洁空气来冲淡室内有体臭与二氧化碳的空气，同时调节室温与相对湿度以维持舒适的感觉。

由于人体本身会产生热，所以就是不在高温度的工作环境下操作，也会受到热的威胁。人所食的食物，有五分之四变为热，其他的五分之一则补充身体的组织或其他消耗。因此工作愈重，燃烧（消耗养料）愈多，产生的热也愈多。人体中的最高器官"脑"，只能在一定温度的情况下，发挥最大的效能，太热太冷都不适宜。如果由于工作环境的影响，身体不能维持一定的体温时，由工作而产生的热量，使体温升高，工作者会感到疲乏、头痛、晕眩、恶心、胃痉挛、脉搏加速等症状，若是不加以处理，可能因痉挛而导致死亡。

此外如噪音、有害光线、毒物、辐射等，对人体的危害，已日趋明显。

再就工作空间而言，有一种"空间泡"（Space Bubble）的存在，无形中包裹着人和物件。它很不容易具体地加以描述，必须在人际变动时，才易于察觉。不同的个体彼此距离过近，空间泡便发生互相挤压，产生重叠的现象。若是工作者产生不安、退避、改变姿态等现象，表示他所拥有的空间泡已经受到挤压和侵入。可见过分狭窄的工作空间，会令人长期承受压迫感，也会构成生理上的障碍。

由于环保意识日益高涨，使大家对环境的要求，比过去重视得多。大家在选择职业的时候，无不要求工作环境的安全与舒适。

一个人的成功，受到工作和工作环境双方面的影响。工作胜任愉快，工作环境却缺点很多，也会使人逐渐不愉快而归于失败。

当年孟母三迁，为的是寻找吉地。现代人为改变环境而跳槽、改行、转业，为的也是寻找吉地。

心理的自我调整会影响工作情绪。

不过，环境的合适与否，固然有其客观的条件，可以逐项加以评估。而心理因素，也有其主观的影响。同样的环境，心情良好时一切十分满意，心情恶劣时则样样都不顺适。

中国人主张"随遇而安"，便是在心理上自我调整，做到"处处是吉地"，便可以摆脱客观条件的限制，于任何环境都能成功，这才是弹性大、适应力强的表现。

我们的建议是：能够挑选环境的时候，不要放弃机会，好好地挑选。不能挑选的时候，则抱着随遇而安的心情，照样愉快地生活下去，把工作做得很好。

一个人受到环境的限制，便天天抱怨，哪里有什么突破的能力？哪里有什么改造的可能？

人必须能处良好的环境，也能处恶劣的境地，才不致为环境所困。

一方面尽量改造环境，使其安全而舒适；一方面要随遇而安，以欢愉的心情，来适应当前的环境。处处是吉地，环境不能把我怎么样，我就一定能够成功。

四、时时是良时

天时地利配合，才能成功。

中国人所说的"堪舆"，"堪"指天道，"舆"即地道。堪舆是天文地理的配合，意指吉地吉方之外，尚须重视吉日良辰。天时地利配合，才能成功。

当今社会，环境污染日趋严重，使我们感叹"吉地难求"，因此更要注意吉日良辰的选择。

地理譬如"物质"，时辰犹如"精神"。物质、精神互相配合，当然最理想。但如果两者不可兼得时，仍然要以精神为重，所以时间比空间，精神比物质，往往更为重要。

"吉地"好比"名牌汽车"，"良时"有如"优良驾驶"。开车技术不好，名牌汽车照样会出车祸。一个人生不逢时，就算环境良好，也很难获得成功。

举例来说，兄弟两人德、智、体各方面都十分相当。哥哥从部队退役时，正好赶上不景气，公司遇缺不补，不考虑招考新人。他央三托四，好不容易才找到一个不很合意的工作，无可奈何地接受了，工作得并不起劲。弟弟退伍时，经济快速复苏，有好几个工作机会等着他，因而精挑细选，结果当然称心如意，干劲十足。

请问，这不是"时"在作怪，又是什么？哥哥埋怨，又有什么用？大不了怪自己当年跑得太快，赶忙着从娘胎里跑出来，一心想当哥哥，却不料二十四年后，赶上不景气，真是倒霉。

弟弟也用不着神气，更不能骄傲。因为"时"照样会变，现在的"吉"，可能潜伏着未来的"凶"。眼前过分顺利，将来能不能保持，实在难以预料。

中国人喜欢说"时势造英雄"，"时势"包括"时"和"势"。时是"时机"，势则是"情势"。

时机是"他力"，我们实在无能为力。时机不好，谁也很难加以改变。因应不良时机的最佳法则，只有一个"等"字。暂时忍耐，好好等待，总有一天时机好转，再趁时而起。有些小生意取名"度小月""候时机"，就是这种意思。

时机不好时要做好准备，才能及时兴起。

这种"等待"的观念，看起来十分消极。其实等待也有不同的方式，至少有"空坐在那里"和"忙着做准备"两种类型。空坐在那里等待，就算等到时机好转，也不可能成功。忙着做好准备，等待时机一旦好转，马上及时兴起，才不致落空。可见积极等待，会产生不同的结果。

我们不能改变时机，可是为什么时机不好时，仍然有人成功呢？原因在"时"之中，含有"势"在。情势和时机不同，它完全是一种"自力"。就"时"而言，我们说"人定胜天"，就在如何造势。情势是可以凭自己的力量来"创造"的，所以不但不能等待，而且要尽心尽力去造势。社会上很多人喜欢造势，可见大家都知道它的重要性。

时机良好，要及时掌握；时机不良，要设法造势。这样，时时是良时，就用不着一天到晚要找人看时了。

前面所说的哥哥，退伍时赶上不景气，只找到一份不理想的工作。他如果明白"守时"的道理，就会耐心地等待，并且做好充分的准备，一旦景气恢复，马上找回理想的工作，就会时来运转，走上成功的大道。

他也可以利用"造势"的原理，在不景气时找到最有利的情势，因而获得老板的赏识，照样可以工作得很起劲。在不景气时，仍然有人赚钱，可以证明"势"的妙用。

一个人不重视时势，很可能事倍功半，招来严重的挫折感。一个人若是只知道等时守势，大概也会兴起"不知道要等到何时"的叹息，而浪费了宝贵的时间。

最好的办法，是认为"时时都可能是良时"，用自己的做法，以积极的态度，来等待时机，并创造有利的情势。

天天是好日，时时是良时。具有这种念头，自然心情愉快，创造力也会增强。

五、自力胜他力

人定胜天，自力可以成功。

"时势造英雄"，英雄照样可以造时势。

天定胜人，人一定也可以胜天。

他力赢过自力，当然可以改变成"自力胜他力"。

成功的人，多半得力于"天时、地利、人和的良好配合"。

俗语说："落土时，八字命。"人的生辰八字，代表一生的命运。预知自己的命运，就好像收听天气预报一样，知道台风要来了，我们无法阻止，就要做好防台的准备。有了命运的预测，可以"趋吉避凶"。

但是，命运的预测，毕竟不像气象预测那样科学，具有共同性的准确度。命运预测的准确性，随着预测的人的不同，有显著的差异。所以找什么人预测，就不像收听天气预报那么简单而方便。

气象预测科学而精确，也往往有测不准的气象。其实，这不是气象台测不准，而是预测之后，气象又有了变化，所以看起来好像测不准。

这样说来，对未来的预测，一方面可能测不准，一方面可能由于"未来会变化"而失去准确性。

人有命运，却不断地由于自己的努力，而有所变化。在这种情况下，预测命运出现了两大难题：一是不知道找谁才可靠；二是预测之后随时在变，不可能随时找人询问，等于没有预测。

除非有必要，不要随便算命。

我们的建议是：除非自己觉得很有必要，不要随便找人预测命运。以免听了以后，信也不是，不信也不是，反而造成心理上的负担，妨碍自己的决策。

如果觉得有必要预测，最好打听一下，找到比较可靠的相士，仔细请教一番。这时候务须记住："说自己好的，接受，把它当作一种激励，好好去实现。说自己不好的，不要接受，把它当作一种预先的警报，一定要改变它。"

倒霉的事件，往往发生在"心里愿意承受的人"，或者"未能提高警觉，并且事先未采取防备措施的人"身上。唯有不接受不良命运的安排，才会未雨绸缪，以万全的准备来扭转逆运。这样，才是真正的"趋吉避凶"。

地利方面，舒适的工作环境能够提升工作绩效。许多公司行号或家庭，为求居住、工作平安，喜欢拜"土地公"。土地公又名福德正神，实际上是农业时代大家感谢土地生产食物，兴起对自然的崇拜，后来自然神人格化，才出现这样的土地公。

把土地公的概念延伸扩大，应该是"环境保护"。对于周遭的环境，怀着感谢的心情，不但要维护它，爱惜它，而且要防止对环境的破坏。

人和方面，要把每一个和我接触的人，都先当作贵人看待。拿合理的态度对待他，就不致无意中得罪了贵人，而悔恨不已。

天时、地利、人和良好配合的主导力量，原来都操之在我。

主动认识天时、地利、人和的重要性，并且切实把握正确的原则，务求以自力胜他力。这样，英雄造时势，成功就在自己的手中。

古人常说："命里有时终须有，命里无时莫强求。"这句话并没有错，但必须配合着"尽人事以听天命"，把两句话合在一起，才能够明白其中的道理。

尽人事指自力胜他力，当一个人把天时、地利、人和配合得十分良好时，多半可以印证"命里有时终须有"。万一不幸而失败，那就"听天命"，因为"命里无时莫强求"。这是最后的安慰剂，防止自杀的良药。

六、互动有感应

人与人的互动，产生感应。

无论天时、地利、人和，实际上都是"自己和天、地、人的感应"，亦即互动的结果。

人人都具有相当的感应力，可以有效地和天、地、人取得某种程度的互动。

良好感应，来自"诚""信""行"，兹分别说明如下：

1.诚。成功的条件，以心理条件为最要紧。而在心理条件当中，诚居其首。诚的表现分内外，内为德，外为业。

在品德修养方面，每个人都能够合理地约束自己，不侵害他人，更进而互相亲爱，互相帮助。

在事业发展方面，每个人都以谋正利、求长久的安宁为原则，不贪求近利、邪利，更不企求不劳而获或不义之财。

对自己诚，要使自己不成为害群之马，不扰乱社会安宁，也不加重社会的负担。

不窃盗，不侵占，不损人利己。不过只是消极地独善其身，还应该更进一步，对别人诚。发挥自己的修养功夫以处世接物，对人诚实和悦，力求安人。凡能修己安人的，必然成功。

2. 信。成功的心理条件，除了诚以外，最重要的，在"信"，亦即"对自己的成功具有信心"。

我们第一要"相信中国人，一定可以长久生存在世界上"，第二要"相信中国人可以表现出堂堂正正的人格"，第三要"相信自己可以成为堂堂正正的中国人，并且在三十六岁以前，获得相当的成功"。

为了增强自己的信心，我们建议经常对自己宣示："我一定成功，而且我一定在三十六岁以前成功，因为我下定决心，一定要真正达成这个目标。"

事实上，当读者读到这里的时候，我们已经深深了解，读者具有令人敬佩的"诚"与"信"，否则早已把本书束之高阁了。

3. 行。有了信心，具备诚意，这时最要紧的，便是"力行"。有些人决心要成功，却打算在某些事情完成之后，再来开始。这种恶劣的习惯，使得很多原本可以成功的人，由于一再拖延，耽误了大好时光，竟然无法如愿以偿。

"从今天就开始"，其实并不是一句金科玉律。我们建议"从现在开始"。现在，一刻都不要拖延。

成功是自己力行的结果。

算算看，自己在到达三十六岁之前，还有多少个年头？检查一下，自己在成功的条件方面，还欠缺哪些？如何充分利用这仅有的几个或几十个年头，好好地补足自己所欠缺的成功条件？不但有计划，而且切实考核，务求丝毫不苟。

行的时候，必须考虑天时、地利、人和的配合。依据上述的"包抄原则"，以"时时是良时，处处是吉地，人人都是贵人"的观点，即知即行。

有些人看到本书的书名，好像视而不见，或者见而不当作一回事，那就证明缺乏机缘，或者机缘未到。

有些人翻开来看看，发现一大堆道理，觉得没有兴趣，甚至怀疑是否过分陈旧迂腐，因而看不下去，这也是缺乏机缘，或者机缘未到。

各位已经看到这里，就表示机缘成熟。如能以诚信来和周遭的人、地、物互动，必能产生良好的感应。

不要迟疑，从现在就开始，以互动来寻求良好的天时、地利、人和，谋求合理的感应，使自己在三十六岁时，顺利达到成功的目标。

柒　发挥随时调整的调节力

阅读本篇，有助于了解：

1. 为什么要随时调整？

2. 随机应变和投机取巧有什么区分？

3. 为什么谋事在人，成事在天？

4. 预见力和成功有什么关系？

5. 什么叫作改善意识？

6. 怎样才能有所变有所不变？

7. 微调整为什么可避免大变动？

8. 为什么事缓则圆？

9. 停、看、想，有什么好处？

10. 为什么三十六岁是合理的成功年龄？

随时调整才能因时制宜。

理想和实际，经常有一些距离。"平衡"是一种理想状态，而"不平衡"才是实际的情况。

我们所拟订的成功计划，执行时不免发现有实际行不通的地方。如果坚持原来的想法，丝毫不愿意改变，有时就会窒碍难行。

计划并不是制订铁路行车时刻表，要求每一班列车，都要准确地按照预定的时间抵达和出发。就算是，也应该依据实际情况，适时加以调整，例如假日加班，或者开出混合列车等，以适应顾客的需求。

人生的目标，好比船只的罗盘方位，本身是固定的，笔直地对准目的地。但是实际航行时，船只可能要转向，以躲避暴风雨，或者在雾里减速慢行，以免和其他船只互撞，甚至在台风里使船首顶风行驶，以减轻损害，或者改道绕过礁岩或障碍，以策安全。

成功的目标不变，而达成成功目标的计划，却应该随时调整，以求适应实际产生的变数，克服困难，达到预期的成果。

中国人喜欢"凡事到时候再讲"，乍听起来，好像事先没有计划，完全是临渴掘井。其实，中国人也重视"凡事预则立"，讲求事先周详地盘算。把"凡事预则立"和"凡事到时候再讲"两句话合起来一并思考，不难明白中国人的主张，应该是"凡事一定要先有周密的计划，才不致仓皇失措。但是由于随时可能出现的变数，必须随时调整，到时候看实际情况而改变"。中国人看起来"常常说话不算数"，而大多数人却认为自己很有信用，原因在"看自己：适当改变；看别人：说话不算数"。

有目标，要不折不挠。有计划，要随机应变。

随机应变的基础在公正、诚恳。

中国人喜欢"随机应变"，却非常厌恶"投机取巧"。偏偏"随机应变"和"投机取巧"在看得见的部分上完全一样，以致中国人经常自我安慰"我在随机应变"，而不断怨责"别人都在投机取巧"。中国人特别需要"克己待人"，这是重要原因之一。

随机应变和投机取巧不同的地方，在看不见的部分，亦即"是否公正、诚恳"。

公正和诚恳合起来，其实就是"天意"。天希望人公正而诚恳，合乎天意去调整，便是随机应变，否则即为投机取巧。

人，不断在为自己做各种计划。天，同时为每一个人做不同的计划。人调整自己的计划，以符合天的旨意，就可能成功，若是违背天意，便可能失败。所以我们只可以随机应变，千万不要投机取巧。

如何有效发挥调节力，说明如下：

1. 预见力必须正确发挥。

2. 时时要具备改善意识。

3. 能进即进该退就要退。

4. 微调整可避免大变动。

5. 随时要配合原定目标。

6. 调节得当样样都成功。

一、预见力必须正确发挥

成事在天，谋事则完全在人。

人调整自己的计划，以符合天的旨意，难道这不是"宿命论"吗？当然不是。

关于"天和人的关系"，中国人和西方人有很不相同的看法。方东美先生说过："西方人好把一个整个人分作心灵、身体两边，整个的国家分作统治、受治两边，整个宇宙分作真相、假相两边，交相敌对。"这种"一分为二"的态度养成了习惯，拿来解释天人关系，自然把天和人看作最不可调和的"敌对系统"。

中国人的天人关系，则十分圆满。天与人交相感应，不但不敌对，不仅不冲突，反而非常和谐。我们知道"天人合一"，天与人的关系，乃是"分中有合，合中有分"。

荀子指出：天是没有意志的，只是遵循着一定不易的自然法则而生成消长。天不但不能降祸福于人，也不会由于人的好恶而改变其生成消长的自然法则。陈大齐先生曾经推崇荀子对天人关系的看法，认为十分接近自然科学的精神。"天意"其实就是"天所秉持的某些自然法则"。

天不能降祸福于人，我们心目中的"天公"，应该是属于大家公有的，不可以特别保佑某些人，否则就是"有意制造特权"，容易引起不平之鸣。

天既然不能降祸福于人，为什么"成事在天"呢？因为天对人的影响仍然很大，足以为祸，也足以为福。只是天的为祸为福，完全出于人的是否善于遵循天的自然法则，所以"成事在天"之前，依然"谋事在人"。

庄子提醒我们："知道哪些是属于天然的，知道哪些是属于人为的，这就是洞察事理的极境了。"

谋事在人。但是谋事的时候，有两种可能性：一为"顺天"，亦即顺着天的自然法则去计划；一为"逆天"，也就是不顺着天的自然法则而盘算。顺天谋事，容易成功；逆天谋事，多数趋于败亡。

天的自然法则，是一种"常道"，所以荀子说："天行有常。"然而这种常道，并非固定不变，而是有所变化的，天道变化构成宇宙生生不息的过程。

所谓"祸福无门，唯人自召"，即指"人心顺天，召福；人心逆天，召祸"。人心决定自己的祸福，并非"天定"，所以不是"宿命论"。

具有判断力才能顺应未来的变化。

天道尚变，未来会变化，才是自然的法则。顺天与否，必须顺应未来的应化，所以"预见力"十分重要。

对于"顺天"与否，如果未经缜密考虑，不详加研究，或者拘泥于一方的偏见，便贸然加以判定，乃是不折不扣的"独断"。若是详加研究，有确切的依据，了解是非利弊，才加以判定，那就是"判断"。

但是面对变化的未来，不可能完全了解。例如"人必有死"是常道，然则"死于何时？死于何地？如何死法？"即使电脑也无法解答。不过依据某人的过去和现状，大概可以推知其死的时、地与死法。这种"概然率"，就是"预见力"的根据。

判断离不开概然率，所以判断包含了预见力。把"偶然"尽量减少，将"必然"全力提高，这就需要正确发挥预见力。

有规律可循的，叫"必然"，反之则为"偶然"。可循的规律，就是天的自然法则。中国人的商店，只有取名"顺天堂"，绝无命名为"逆天堂"的。江湖人物，自号"逆天使者"或"欧阳逆天"的，必定是人人可诛的败类。可见顺应天的自然法则，才是最可靠的预见力。

二、时时要具备改善意识

因循苟且容易导致失败。

温伯格博士说："你每做一个行为，就加强了你做这个行为背后的意念和动机。"

我们在日常生活当中，把某些信念或感觉，付诸实际的行动之后，自己就会更加相信这些信念，或者更为加深这些感觉。

中国人常说："习惯成自然。"我们每做一次，就增强一些，久而久之，养成了习惯，就会自然而然地重复去做。

习惯成自然，一切遵照往例办理，很难因应未来的变化，以致"成功会变成失败"，证实了"成功为失败之母"的道理。

人在不断重复某些行动的过程中，塑造了自己的人格，也建立了自己的一些原则。

然而，随着未来的变化，我们必须依据自己所建立的原则，作出合理调整，采取一些有效的因应措施。

不是毫无原则地应变，也不是习惯性地一成不变，这种"持经达变"，也就是"有原则地应变"，才是中国人最拿手的功夫。

持经达变，就是原则有所不变，而措施则有所变。换句话说："不可不变，却不可乱变。"

不可乱变，意指"要求愈变愈好"，所以变的时候，最需要"改善意识"。每一次改变，都要变得比上次更好，不容许变得更糟。《大学》说："止于至善。"便是愈变愈合理，愈变愈符合天的自然法则。

王阳明认为善就是良知，一切凭良心，便能止于至善，成功的人"无不择善固执"，见不善而迁善改过，可见改善意识是多么的重要。

自我创造才能日新又新。

很多人一直保持着自己小时候的样子，力求证明"三岁看大，六岁看老"的真实性，却丧失了"自我创造"的良机。

小时候的环境良好，家教也很好，一直保持美好的样子，并没有不好。小时候的环境不好，家教也不理想，为什么要一直保留这些阴影，使自己终生受害呢？

这时候改善意识，可以促使我们重新塑造自己的新人格，变成更为美好的新人，摆脱童年的阴影，有什么不好？完全不敢改变，就是"宿命论"者；勇于自我创造，才是真正的"造命者"。

温伯格博士说："人格不是固定的，也不是僵化的，不管是在童年，还是在未来，只要凭自己的自由意志和行动，我们每天都可以创造，并且再创造自己的人格。"

成功的人，不可以完全依照往例办事，应该以合理的改善意识，来自我创造，以"日日新，又日新"来塑造自己的成功大道，确保生生不息。

一切秉持过去的成功经验，由于未来的情境变化，可能导致若干"原来有利的因素，变成不利的障碍"，因而从成功的巅峰，掉入失败的深渊，殊为遗憾！

三、能进即进该退就要退

时时要求自己变得更好。

凡遇着一件事，究竟应该先想变呢？还是先想不变？我们的建议是"先想不变"。

"不变好不好？"如果不变很好，那就不要变。因为不变很好，一变可能反而不好。这时候"一动不如一静"，维持原有状态，比较合理。

"不变不好。"那就要变。这时候进而思考"怎样变才好？"意思是，找出不好的原因，再来采取合理的调整，目的在求"变得更好"。

钱穆先生指出：人生有三种路向。

印度人采取"无限后退"式的向内展开；西方人喜欢"无限前进"式的向外展开；中国人则秉持中庸的态度，不向外，也不向内，"当进即进，当退即退"，毅然走出中间路线，可进可退，能进也能退。

先看西方人的态度，无限向前，也无限推进。

追求逐步向前，权力逐步扩张，人生逐步充实。这时候的感觉，当然是一种欢乐愉快的满足。

但是，向前追求固然获得某种程度的满足，却不能使自己停止向前。因为一旦停止向前，就会造成生命的空虚。为了避免生命空虚，势必无限地向前推进。

问题是：欢乐愉快转瞬成空，烦闷与苦痛接踵而来，逐步向前，等于逐步扑空。生命的支撑点不在生命自身之内，反而安放在生命自身之外，成为"知进不知退"的"无限前进"的致命伤。

再看印度人，人们彻底翻转路向，朝向人生的内部。然而，钱先生认为："向外，有无穷的外展开在面前；向内，又有无穷的内展开在面前。"

每进一步，总觉得前面又有另一步，向前，前面还有更前，向后，后面还有更后。向外无尽，向内也无尽。

向前一步，扑着一个空，因而不得不再向前。而再向前一步，又还是扑着一个空，因此又不能不继续向前走。

后退一步，同样扑着一个空，不得不再向后退。而再向后退，也同样扑着一个空，因而又不能不继续向后退。

钱先生说："向外的人生，不免要向外面物上用功夫。而向内的人生，则是求向自己内部心上用功夫。然而这里同样有一个基本的困难点，你若摆脱外面一切物，遗弃外面一切事，你便将觅不到心。"

中国儒家的人生，不偏向外，也不偏向内。只依着一条中间路线而前进，但随时随地，都可以停止。

全力投入，尽力而为，但不能过分勉强。

一方面要科学，一方面不愿意战胜自然，克服自然。一方面有一个辽远的向往，一方面肯定当下即是的情境。两方面"兼顾"，既不远离现实，也不沉溺、迷醉于现实。

现代中国人，盲目追求西方向外推进的人生，以致倾向于权力崇拜，倾向于无限向前，却掉入了眼前享福的陷阱。因而急功近利，只求眼前的利益，毫无长远的打算。

一个人应该有理想、有目标，但是不能一味"只能进，不能停"。请问："为了将来，牺牲眼前的一切，合算吗？"若干成功者心胸狭窄，容不得人，便是"当年过分辛苦，才养成这种偏颇的心态"。

不错，吃得苦中苦，方为人上人。但是，不要过分勉强自己吃苦，更需要培养宽恕的心胸，以免成功时，"怀恨整人"。

全力投入，尽力向前，却不必过分勉强。因为兼顾眼前的实际情况，保持身心的健康，才能走出更长远的道路。人生是长期的竞赛，暂时的落后，并不注定永久挫败。休息是为了走更远的路。偶尔停顿一下，有时落后一点，只要不折不挠，终究有赶上去的一天。果真赶不上去，已经尽力，当下的成就也是最好的果实。只要问心无愧，便是成功。

四、微调整可避免大变动

警觉性高才能见微知著。

能进即进，应该退就要退。有一个先决条件，便是"尽人事"。已经尽人事，进固然可喜，退也问心无愧，同样可喜。

怎样才算"尽人事"呢？主要的因素，在于"随时提高警觉，能够见微知著，因而及时采取合理的微调整，以避免产生大变动，使自己的进退受到重大的影响"。

譬如"自己和别人的关系"，我们最好明白"人与人的关系，是动的，不可能静止。人与人的关系，不是愈来愈亲密，便是愈来愈生疏；不是愈来愈信任，便是愈来愈怀疑"。如果能够注意细微的变动，及时采取合理的调整，应该可以掌握动向，达到预定的希望。

"冰冻三尺，非一日之寒"，证明任何事情，都有其先兆。只不过这种警告的象征，往往微而不显，以致大多数人，根本看不出来。

一般而言，世界上的事情，大概都是"必然"，很少是"偶然"。但是看不清楚事情的先兆，事前无所警惕，无从准备，就会觉得十分偶然。

《易经》坤卦初爻，告诉我们必须保持"履霜，坚冰至"的高度警觉性，希望我们"当脚上踩着霜的时候，就要注意预防，坚冰的寒冷，马上会来临"。

坚冰不可能毫无先兆，瞬间出现，使人措手不及。问题是当我们看到霜的时候，我们可能轻踢着它，弯着腰用手去揉它，心中丝毫没有警惕，根本不准备御寒的衣物。等到坚冰一到，天寒地冻，这才想到冬衣还没有着落，恐怕已经来不及了。

看到薄薄的霜，立即警惕坚冰很快就会带来严寒，于是极力去准备。若是一切条件都没有问题，自然顺利过冬。即使条件不足，不能完全保暖，至少也会事先找一个能够御寒的地方，准备好食物和取暖的燃料，同样可以顺利地度过严寒的冬天。

万一衣物不足，找不到足以御寒的地方，而又缺乏取暖的燃料，这时自觉已经尽人事，就算冻死，也比较不会后悔。

死得心安理得，便是死时毫不悔恨。尽人事之后，就可以知天命。老天要我如此，非人力所能抗御。我已经尽力，还有什么可以悔恨的呢？

事缓则圆，结果比较圆满。

事情既然大多是必然的，而且循序渐进地发展。那么，警觉性高的人，当然能够及时看出先兆，逐渐加以调整。因为事缓则圆，才能获得比较圆满的结果。

譬如开汽车，公路的转弯大多是小角度地改变方向。我们顺着它的角度，轻微地调整轮盘，即可和缓而安全地前进。如果不轻微调整轮盘，等待发现路已转向，这才急速转动轮盘，恐怕不是自己撞上路旁的护栏，便是拉不回来，冲上路中央的安全岛。

微调整才可以避免大变动，无论为人处事，都能够得到较佳的效果。

当然，微调整不是不调整，因为不调整不能因应环境的变化。但是微调整也不是限定于轻微的调整，如果情况许可，一次做出幅度较大的调整，等于提前反应即将发生的情况，以免多次调整引起诸多麻烦或抗拒，也是很好的办法。

我们最好采取"合理的调整"，做出合理的反应，以求取合理的效果。问题是合理不合理，实在很难讲，所以用微调整来尝试。一次微调整之后，赶快看效果，不够，再次微调整，还不够，再来一次。

最要紧是事情的先兆，有如生病初期，往往比较容易诊治。这时候毫不迟延，及时加以治疗，易收事半功倍之效。

五、随时要配合原定目标

遵循停、看、想的原则，及时检讨目前的成果。

无论怎样调整，都要配合原定的目标。方向变来变去，最后必须安抵目的地，才是合理有效的调整。

刚开始的时候，目标十分明确，方向也把握得很准。然而，东调整、西调整的结果，可能弄乱了方向，搞不清楚目标究竟在哪里。这时就应该暂时停下来，做好"停、看、想"的动作，确实弄清楚方向，才好继续向前行进。

人生的历程中，"停、看、想"是非常必要的。及时停下来，仔细看一看，认真想一想，也就是切实检讨目前的成果，然后找出合理的方式，再往前推进，才不致一路猛进，却迷失了方向。

"停、看、想"不止做一次，要有意识地在合适的阶段或必要的时刻，重复这种动作，以确保安全顺利。

有些人调整再调整，终于调整出趣味来，变成"以调整为乐"，竟然忘记了调整的目的，是为了达成既定的目标。于是"为调整而调整"，调整到偏离目标而不自知。这样的调整，已经到了喧宾夺主的地步，毫不足取。

章君从历史研究所毕业以后，一直想研究我国的民间信仰。他深入各种寺庙，访问各种僧侣、道士。结果对乩童的行为，产生很大的兴趣。

他一而再、再而三地走访乩童，逐渐放弃了民间信仰的系统研究，转为专门探讨乩童的形成和行为。虽然说两者具有相当的关联性，对一位历史研究所的高才生而言，毕竟有点大材小用，殊为可惜。章君调整到迷失原定的目标的例子，值得我们警惕。

詹君为了做好贸易相关的文书工作，到打字补习班勤练打字。字没有打好，却对办补习班产生兴趣。和几位好友合开一家打字补习班，在采购打字机的过程中，发现即使是名牌打字机，也需要电脑来搭配。于是他把打字补习班的业务，交给请来的班主任去处理，自己则移转目标，去贩卖个人电脑。

他这样变来变去，不知道下一步还要调整到什么地方。这种态度，正是一般人所说的朝秦暮楚，不能达成原定"成为诚信贸易商人"的目标。同时显现见异思迁的毛病，被人家讥评为"到处拭擦的桌布"，意思是"这里擦擦，那边擦擦，活像一块擦桌椅的抹布"。

时常变换工作，如果是为了扩大自己的经验，当然是有利的举动。但是扩大经验，必须有明确的目标。为了既定的目标，在相关的范围内扩大自己的经验，乃是可喜的现象。否则世界上的事物，广大无涯，而自己的生命，却有一定的期限，拿有涯的人生来体验广大无涯的事物，恐怕会耗尽体力，却一事难成吧！

目标不能变，过程可以变。

成功的人，必须有"取之于社会，用之于社会"的理念。一切的转换，都是为了达成这样的理想，才能够"持经达变"，不致由于一时的调整，而迷失了自己的目标。

持经达变的人，目标不能变，过程时时在变。这种方式，就叫作"以不变应万变"。拿不变的既定目标，来调整万变的过程，当然不会变到乱掉了根本。

现在有些人不明白"以不变应万变"的道理，居然异想天开，提倡"以万变应万变"。其实，"以不变应万变"乃是"有原则地应变"，其中"不变"的就是"原则"。而"以万变应万变"根本是"没有原则地应变"，因为原则万变，就等于没有原则。弄清楚两者之间的差异，不知道还有什么人会主张"以万变应万变"呢？

中国人最自豪的，便是"自己很有原则"。几乎找不到任何中国人，会自己承认"没有原则"。我们都明白"不可不变，也不可乱变"，所以必须依循自己所定的原则来应变。

一个人变来变去，变到偏离既定的目标，已经是乱变，大概不可能成功。即使侥幸获得成功，内心也十分茫然，不知自己究竟是对是错。

谁都希望自己所定的目标是正确的，因而努力来证明自己的梦想并非幻想。每当美梦成真，就会十分快乐。如果偏离目标而成功，至少证明自己的梦做错了，或者忘记了自己所做的梦。无论如何，总有一些迷惘，有一点茫然。

六、调节得当样样都成功

三十六岁是合理的成功年龄。

成功就是在任何事情的上限和下限之间，找到合理点。凡事没有过与不及，便是成功。

三十六岁成功，是提醒我们，不要成功得太早，也不要成功得太晚。

太早成功，自己的身心都未臻成熟。一方面不容易充分体会成功的滋味，一方面也不会珍惜成功的果实。这时候受到大家的哄抬，很容易骄傲自满，产生不正常的心理，表现不正常的行为，导致很快到来的失败。

三十六岁以前，与其早成功，不如晚成功。三十六岁以后，若是尚未成功，则颠倒过来：与其晚成功，不如早成功。

失败如果看成挫折，三十六岁以前，应该是：与其晚失败，不如早失败。趁着年轻失败，比较有勇气再来一次。年纪愈大，愈遭受不了挫折。

三十六岁以后，最好改为：与其失败，不如不失败。意思是好不容易奋斗到三十六岁，才获得成功。就应该时时警惕，爱惜自己的羽毛，避免再度遭受挫折，甚至掉入失败的痛苦深渊。

中国人最令人痛心的，莫过于"晚节不保"。意指年轻时成功，而年老时失败。由于年老气力渐衰，而且时日不多，万一不能恢复成功，势将饮恨而终。

为了避免晚节不保，三十六岁成功之后，必须步步为营，小心谨慎，以期确保长期的成功，直到老死为止。

事业方面。目标定得太高，很不容易成功；定得太低，达到了也算不得成功。制定事业目标，不可能没有弹性。在所定的弹性范围内，如何因应实际状况，审慎调节，才是奋斗过程中，为了确保成功不能忽视的主要因素。

婚姻方面。我们当然不可以否定单身贵族的价值，但是，单身不成"族"，又哪来"单身贵族"？结婚是人生大事，不能掉以轻心，所以也不能够"为结婚而结婚"。调节得当，便是有结婚的念头，不放弃合适的对象，也不故意逃避或拖延。不过，万一真的遇不到合意的人，又没有人乐于做媒，自己也不好意思参加"我爱红娘"这一类的活动。这时候既不心急乱找对象，也不从此死心，不再兴起结婚的念头，待到有一天机会来临，仍然可以快快乐乐地成家。

工作方面。最可贵的当然是找到合乎自己兴趣的工作。然而，万一事与愿违，一时找不到与自己兴趣相合的工作，难道我们就宁可待在家里，或者在家门口空悬"个人工作室"的招牌以资掩饰，而不肯屈就仅有的工作机会？

答案当然是否定的，因为大丈夫能屈能伸，暂时忍耐一下，再徐图重新找到合意的工作，才是磨炼自己，使自己能进能守的合理处置。

处世方面。得意时要考虑"失意时要怎么办"，失意时要鼓励自己"有一天也会得意"。能够让人家占便宜的时候，不必过分斤斤计较。没有本钱让人家占便宜的时候，就应该极力保护自己，不受别人的剥削。有能力帮助他人，绝对不要吝啬。自顾不暇的时候，当然优先处理自己的事情。

与人相处，固然有亲有疏，而且亲疏有差别。但是由疏而亲，应该是彼此共同努力的方向。双方各进一步，自然合作无间；若是各退一步，那就趋于冷漠了。不过人与人间，总要有些距离，否则过分亲昵，恐怕就会引起不愉快了。

调节的功夫，正是寻找平衡点的保证。功夫愈高，平衡点找得愈快速、愈合理。理想与实际，凭借不断调节而获得平衡。

顺天意调节，大吉大利。逆天意调节，往往自取其祸。人要成功，必须顺着自然法则而调节，千万不要逆天而行，以免自取败亡。

捌　不怕有过失只怕不能够补救

阅读本篇，有助于了解：

1. 为什么需要从错误中学习？

2. 补救力包含哪三大要件？

3. 为什么要每天自我反省？

4. 怎样做好自我反省？

5. 反省的目的是什么？

6. 自我塑造和我行我素有什么不同？

7. 死不认错会产生什么后果？

8. 为什么不能够与自己妥协？

9. 好习惯和成功有什么关系？

10. 什么时候革除自己的坏习惯？

从错误中学习，必然成功。

人非圣贤，孰能无过？过失不是失败，而是提起我们注意的警钟。

不做不错，只有不做事的人，才不致发生错误。因为没有任何动作，不可能产生什么错误。但是不做不错，却也不可能成功。因为没有作为，当然也没有成功的机会。

少做可能少错，这是概率问题。多做很可能多错，是由于基数增加。所以错不在于多少，重要在"是否重复出现"。

同样的过错，一再重复，便毫无疑问会导致失败的恶果。不一样的过错，带来不同的经验，累积起来，就十分可观，对于成功有很大的贡献。

人不必害怕犯错，只要知过必改，不再重复同样的过错，就具备成功的条件。从这个角度看来，多做才好。

如果再进一步，做错了赶快设法补救，做到"善补过"，那就更有保障，必然成功了。

在路上行走，不留神踩到别人，如果仅是默默不语，只注意不要再踩到他，固然是知过必改，而被踩到的人，心里一定不舒服，看到我们默不作声，可能会愤怒地反踩我们一下，并且理直气壮地教训我们："踩到人家的脚，连说一声对不起都不会，真是没家教。"

踩到人家的脚，除了默记以后走路要小心，切勿慌慌张张之外，如果适时向对方道歉，用真诚的语气说一声："对不起！"自然比较容易获得人家的谅解。

这种适时向对方致歉的动作，就是善补过。能够善补过，就等于无过。有过失而不想补救，才算是犯过。

知过而犯过，最不可原谅。

但是，过失的发生，有两种可能性。一种是无心的，不知过而犯过，这是可原谅的，也是能够用善补过来加以弥补的。另一种则是有意的，知过而犯过，那就不可原谅，即使想补过，有时也得不到机会。例如无意中泄露别人的机密，引起当事人的不满。只要大家明白确实是无心之过，便会劝导当事人自认倒霉，为什么刚好被我们知道，才有泄密的机会，对我们有所谅解。若是有心抢夺他人的钱财，被当事人察觉，干脆一不做二不休，把他杀掉。天理国法皆不能容，当然谈不上什么善补过，唯有认罪伏法了。

补过的先决条件，在知过。如果连过失都不自知，哪里有想补的可能？补救力包含三大要件，分别为"反省""知过"与"悔改"。三者连贯起来，构成知过必改的补救力，成为成功的良药，兹分别说明如下：

1. 养成每天自我反省的好习惯。

2. 反省的目的主要在预防犯过。

3. 万一防止不了就要勇于承认。

4. 不与自己妥协才能知所悔改。

5. 过失的根本原因在不良习惯。

6. 不良习惯要从今起连根拔掉。

一、养成每天自我反省的好习惯

二十六条反省法则，要逐步自我检讨。

人生短暂，不过拥有数十寒暑。时间不知不觉地流逝，而且一去不复还。在这种情况下，浪费时间或者空叹时间流逝，不如缅怀过去，常常反省，以策励未来。

反省是一种自我检讨，成功的人，大多养成每天反省的良好习惯。反省的项目，人各不同。美国巴比伦成功研究所（Babylon Success Institute）提出二十六条成功的法则，若是依照这二十六个项目，逐步自我反省，应该可以顺利地迈向成功的大道，其要点如下：

1. 我是否明确地知道自己所要达成的目标？

2. 我是否在脑海中勾画出自己成功时的情况，以增强自己成功的欲望？

3. 我是否拟订周详而具体的计划，并随时评估自己的执行成果？

4. 我是否决定了就马上去做，毫不迟疑，也不找借口拖延？

5. 我是否充满热忱，而且能感染四周的人，把他们也带动起来？

6. 我是否心胸开阔，有容纳异见的雅量？

7. 我是否常常乐于请教别人，吸收别人的智慧和经验？

8. 我是否努力吸收专业技术和知识，而且永不自满？

9. 我是否加强创意和想象力，以提高并扩大自己的思考层面？

10. 我是否经常利用潜意识的神秘功能，帮助自己解决某些难题？

11. 我是否喜欢自己、肯定自己、重视自己？

12. 我是否了解自己的长处和短处，并且全力发挥自己的长处？

13. 我是否不断改善自己的思想、谈吐、仪态，使人人乐于亲近？

14. 我是否注意并改善人际关系，以增加和谐的效果？

15. 我是否运用沟通、协调，集合众人的力量，达到众志成城的效果？

16. 我是否以积极肯定的心态，面对所有的事务？

17. 我是否意志坚定，绝不向困难、挫折低头？我是否绝不放弃自己的理想？

18. 我是否心无旁骛，绝不三心二意，也绝不推三阻四？

19. 我是否随时注意，并且培养各种良好的做事方式和生活习惯？

20. 我是否乐于多付一分心力，绝不斤斤计较报酬？

21. 我是否能够排除私心、偏见，而保持客观冷静？

22. 我是否把工作看成自己的最大乐趣，甚至达到忘我的境界？

23. 我是否懂得充分利用时间，知道时间是最宝贵的资源？

24. 我是否了解金钱的功能，懂得用钱的艺术？

25. 我是否很节俭，而且固定把所得的一部分储蓄下来？

26. 我是否留意吸收营养、保养身体、锻炼身体？

以上二十六题，每一个"是"获得一分。零至五分为"急待醒悟"级，六至十一分为"急起直追"级，十二至十七分为"力争上游"级，十八至二十二分为"可圈可点"级，而二十三分至二十六分，则为"大有成就"级。建议每天晚上，利用睡前二十分钟反省一番。最好不要间断，以养成良好习惯。

其中，第十题所称潜意识的神秘功能，与坐禅、静坐相近，主要在完全放松自己，闭目冥想。

二、反省的目的主要在预防犯过

反省的目的在预防犯过。

为什么要每日反省呢？主要目的在逐日提高警觉，预防犯过。补过固然是良好的态度，但是最好的补过方法，却是在过失未发生之前，设法使自己不犯过。

能够防患未然的人，并不是不犯过失，而是由于及时反省，在过失尚未发生或者已发生尚不明显的时候，就把它补救起来，好像没有过失一样。

成功的最大障碍，大概就是"得过且过"。这种颓废的念头，使人萎靡不振，懒得自己反省。而且"有错又怎么样""哪一个人没有""何必要求自己太多""为什么要跟自己过不去"等理由，都支持自己继续混日子。等到有一天猛然醒悟，才发现一切都已太迟，自己早已变成不可救治的失败者，岂非"老大徒伤悲"？

日本矢矧晴一郎先生把"母体诞生的我"，看作"第一人生"，将"自己创造的我"，视为"第二人生"。

他指出第一人生所产生的行为，常会受到父母，甚至祖父母的影响。即使自己故意要和父母相抗衡而持反对意见，也已经受到反影响的影响。入学之后，从幼儿园、初中、高中乃至于大学，十几年的学校教育，老师的影响力也十分重大。此外，尚有来自上司、同事、部属、同学，以及书本、报纸、杂志等的影响，真正属于自己的思想，实在并不多。

自我创造有三个原则。

要想自我创造，塑造出自己的特性，开创自己的第二人生，必须掌握下列三个原则：

1. 从零开始，在痛苦中独创出来。

2. 绝对适合自己的个性。

3. 不受制于其他人、事、物，可自由发挥。

他建议我们"从无师出发"，把"无师"当作人生哲学之一。他说："事师，则难超越师。因为跟着老师学习，所得到的，乃是老师的价值观、思考方式及顺序，而这些对我而言，都不过是别人的东西，并没有我自己的想法在内。每一个人的个性，本来就不相同，而每一个人的善恶，更不可能一致，所以有自己独特的想法，才最重要。"中国人常说"无师自通"，大概就是"从无师出发"的效果。

不自我反省，也不以父母、师长或朋友为师，怎么提升自己？以父母、师长或朋友为师，始终局限在第一人生，很难有所突破。唯有自我反省，无论"从零出发"还是"由外行开始"，只要努力不懈，终有一天，可以创出属于自己的第二人生。

自我塑造并不是我行我素。

自我塑造，如果仅凭一己的观点，胡乱去闯，可能创造出来的第二人生，比第一人生更糟糕，更杂乱无章，这种失败的塑造，实在不如以父母、师长或朋友为师，一辈子生活在第一人生的影子里。社会上有一些不三不四的人，却自以为是地沾沾自喜，就是这种类型的代表。

有理想，有目的地自我塑造，才能够"日日新，又日新"，

创造出比第一人生更为美好的第二人生。这样，我们就需要抱着
"一日一人生"的心态，以"今天是人生最后一日"的想法，告
诉自己"今天再不做，就会来不及"，促使自己不但切实自省，
而且要有"不让过失产生"的防患需求，加强自己的塑造意识。

矢矧晴一郎先生说："每个人都知道'自己将会死亡'，每个
人都晓得长命永生是不可能的事。但是，很少有人乐意去面对死
神的到来。"

抱以"明天我还在，下周、明年也不可能死"的心态，以致
凡事都可以"明天再做也不迟"，就很难"今日事今日毕"，因为
今天做不完，还有明天，当然不必用心了。

一日一人生，今天不切实反省，反省时不知防患于未然，明
天可能来不及。这样的心态，比较容易成功。

三、万一防止不了就要勇于承认

死不认错的人，不敢面对事实。

有些人死不认错，任何过失，都拒绝承认。然而，过错的存
在，是事实问题。就算死不承认，过错仍然存在。反而让人家看
不起，增加一条"不敢面对事实"的罪名。

有些人见错就推，赶快推给别人，以免自己承担过失。这种

方式，看起来十分聪明，也显得很机灵。但是，别人也不笨。我们会推过去，难道他就不会推过来？其实，过失推来推去，大家都逃不掉，有什么好处？

还有一些人，发现过失就伤心透顶，好像天塌下来似的，灰心绝望。这种人多半是完美主义者，见不得丝毫差错。真正的完美，不过是心目中的长远理想，现实不免杂有瑕疵，又何必如此耿耿于怀？

过失最好不要让它发生，所以必须用心防患于未然。万一不幸产生，就要勇敢面对它，这时候坦然承认，应该是最好的方法。

王先生有一次捡到一张钞票，仔细一看，原来是一百元美金。他马上想到："应该交给警察先生。"

忽然之间，他告诉自己："我怎么这样傻瓜？交给警察先生，谁知道他会不会私下拿去花掉？不行，我幸运捡到，反而不敢用，还要辛苦送给他，让他轻松地享用？"

找到好的借口，王先生迅速把钞票放在口袋里。时而心中不安，想送还遗失的人；时而理直气壮，思索到哪里去找失主。于是，一念之间，钞票就据为王先生所有。防患不成，过失终于产生。

不久，王先生的好友李君告诉他："我哥哥寄了一张百元美钞给我爸爸，祝贺老人家生日快乐。谁知道我爸爸拿来拿去，竟然拿丢了，伤心得很！"

王先生听罢，想到自己有三条路可走：

第一，叫李君安慰老人家，财去人安乐，一百美金算不了什么，大可不必放在心上。自己则绝口不提捡到钞票的事，反正我不说，谁也不会知道。

第二，表示对老人家的关心，向李君献策，要他写信告诉哥哥，再寄一百美金，补偿爸爸的遗失。在美国有工作，一百元应该不算什么。有了补偿，老人家就不致耿耿于怀，于是自己也可以放心花那一百美金。

第三，向李君诉说今天上午无意中捡到一百美金，由于一直忙到现在，还没有交给警察先生。既然是李老先生的失金，那就劳烦李君原璧奉还。

在现实社会中，第一条往往有想象不到的效果。李君的消息，正好提供给王先生判断的方向，只要避开李君一家人可能触及的范围，王先生死不承认，把那一百美元花掉，很少会有什么后遗症。

然而在良心上，王先生就必须背负一辈子的后悔。当花掉一百美元成为事实之后，王先生心灵就已经烙上一个永远去不掉的铁印。以后每当忆及此事，都会难过不已。若是不当一回事，就会变本加厉，愈陷愈深，终于造成万劫不复的憾事，更是不堪设想。

第二条看起来颇具人情味，实际上添加很多变数。哥哥可能写信给父亲，告诉他年纪大了，记忆力减退，所以不敢再寄钱给他。爸爸可能因为把儿子寄来的钱弄丢，又让儿子知道事实而更加不安。李君可能由于听从王先生的献策而弄得三面不讨好。事情复杂化，对王先生而言，不但没有好处，反而增加泄露捡钱秘密的可能性。因为更多的人知道这件事，就会有更多的人来察觉这一事件。

至于第三条，严格说起来，并非最好的对策，但是自己拖延时间，不能立即交给警察，也只好硬着头皮，坦诚承认自己捡到一百美元。因为不知道失主是谁，所以还放在口袋里，如今找到原主，自己也松一口气，总算解决了一个难题。

四、不与自己妥协才能知所悔改

成功的人，必须坚决不与自己妥协。

许多失败者，都是因为对事拖延迟误，不能迅速想出解决办法，以致很多宝贵的机会，都在他左思右想，东考虑、西猜测的时候，平白消失掉了。

不错，凡事应该三思而行，不可唐突、鲁莽。但是三思而后行，绝对不是拖延时间，或者自我妥协。成功的人，必须迅速想出答案，并且坚决不与自己妥协。

当我们遭遇难题，拼命反复思考，却苦无良策时，最好的办法，是暂时停止思考，让脑筋休息一下。有时头脑思索久了，会呈现僵化状态，经过休息调整之后，就逐渐恢复敏锐的反应，来应付艰深的推理思考。

每件事情都苦思不得答案，显然缺乏思考力。这时可以练习禅定，用坐禅来增进自己的思考力。

请看盲人，他们因为眼睛看不见，所以能够集中精神，看到一般人所看不到的东西。我们明眼人，由于分心而看不到许多事物。现在我们试着把眼睛闭起来，全身放松，然后把问题的影像，填入自己的脑海里，想象自己获得合理的解答，以此来帮助我们找到良好的答案。

经由禅定而来的思考力，多半是一种直觉，属于无意识的判断。不过，直觉可以经由经验的累积，来自我训练。平日收集各种信息，存放在脑海中，一旦遭遇问题，马上凭直觉判断，比较容易及时加以处置。

然而，人最大的难题，在于"不能够理智地面对自己"，经常感性地与自己妥协。

中国人主张"严以待己，宽以待人"，并没有苛求自己的意味。因为人会宽容自己，原谅自己。要求严以待己，也不过是达到合理的境地。人会苛求别人，折磨别人，要求宽以待人，充其量也是合理而已。

人当然应该原谅自己，否则跟自己过不去，也没有什么好处。但是，我们可以原谅自己的过失，却实在不应该纵容自己随便找理由搪塞。

不要使自己变成理由专家，放纵自己。

原谅自己的过失，是因为过失既然发生，自怨自艾也无济于事。不如原谅自己的过失，牢牢记住所带来的教训，要求自己彻底改过迁善。

要达到这种地步，就不能接受自己所编造的理由。特别是我们中国人，由于历史悠久，典故丰富，信手拈来一些资料，当作借口，更是易如反掌。

中国人是理由专家，喜欢找理由下台阶。如果完全是为了顾全面子，嘴巴上说一些理由，心里头知道自己不对，那还比较可行。最怕的是，原来想骗别人的，结果骗了自己。编造出来的理由，别人为了面子宽恕了我们，我们竟然认为这些编造出来的理由是真的，以致自己深信不疑，于是原谅自己的过失，同时接受自己的理由。这种妥协的结果，往往造成下一次犯同样的过错。累犯的形成，多半是向不当理由妥协成功的恶果。

自我妥协很容易导致"尽量主义"，意思是"我会尽量改过，尽量使自己不再如此"。

尽量主义使自己失去严格的控制。反正我会尽量，至于达到什么程度，自己并没有把握，好像也没有责任。

不妥协的人，对自己的过失，抱着"只此一次，绝无下回"的决心，不宽容自己发生第二次同样的过失，也不原谅自己胡乱编造理由，或者用理由骗别人却连自己也一起骗了。

彻底断根，必先知道自己所犯的过失，以及造成的原因。所以犯过之后，要好好检讨，究竟是什么原因造成的。找到真正的原因，毫不保留地向自己招认，下决心永不再犯，这才是不妥协的改造精神。

至于要不要公开承认，或者向哪些人招认，我们持保留的态度，意思是不一定需要如此。

五、过失的根本原因在不良习惯

良好的习惯会使成功早日到来。

当我们追究过失的根本原因时，往往发觉是不良习惯在作祟。

广义的不良习惯，包括不正当的观念和不正当的行为。观念和行为，常常互相影响。有时先获得不正当的观念，才形成不正当的行为；有时刚好相反，先产生不正当的行为，然后才形成不正当的观念。

特别是现代多元化社会，各种言论纷纷出笼，什么行为似乎都能够找到适当的辩护。

自从电视上出现"只要我喜欢，有什么不可以"之后，孩童经常以此为借口，抗拒父母的纠正。今天的父母，也大都可怜得不敢理直气壮地教训孩童，以免违背爱的教育原则。不料因此找到不管、不教的借口，乐得不操心。"害生于恩"的恶果，表现在"今天的孩童愈穿愈漂亮，人却愈长愈丑"，天真而不可爱！

"只要我喜欢"，很快就养成许多不正当行为；"有什么不可以"，更产生诸多不正当的观念。长大了要改正这么多的观念和行为，实在十分困难。难怪有人自暴自弃，宁愿一辈子"错就错到底"，期望"错久了可能变成对的"。若干人甚至"自暴自弃到不承认自己自暴自弃"，所谓"亲者痛，仇者快"，莫甚于此。

三十六岁就要成功，首先应该肯定"自己的时间宝贵"，没有时间可以浪费在"试试看，不对再改"，而必须"在最短的时间内，做好正当的事"。

希望在最短的时间内，做好正当的事，最有效的办法，便是"第一次做，就要做得正确"，也就是"凡事一起头，便要养成好习惯"。

在大学修木工课，遇着一位好教授。他严格规定："凡是老师没有教过的工具，一律不准自行拿用。"

理由十分清楚："第一印象相当重要。"第一次使用工具，如果用错了，想要改正过来，非常困难。不如第一次使用之前，先弄清它的正确用途，学会它的正确使用方法，然后第一次使用，就学好正确的姿势和方法。

我们观察一般木匠，使用工具经常发生错误，主要原因便是

"虽然知道这样做是不对的，但是多年来已经养成习惯，实在改不过来"。再追根究底，真正的病源仍在"第一次就做错了"，养成了坏习惯。

坏习惯经常是不求甚解的恶果。

中国人很聪明，任何事情，似乎一看就会，一听便懂，因而养成"不求甚解"的恶习，坏习惯好像特别多。

我们最好养成"多看、多听、多想、少说"的习惯，以免由于喜欢多说，影响了多看、多听和多想。尽管有人担心少说也会带来一些不良的后果，但是比较起来，多说的后果，实在比少说严重得太多了。

人都有相当的表现欲，鼓励多说，就会形成"对也说，不对也说""懂也说，不懂也要说"，甚至"只要有机会，抓住麦克风不放手"，以致"管他听不听，反正我就是要说"，弄得整个社会，吵闹不停，却很少人明白"究竟在吵些什么"。

少说绝对不是不说，先多看、多听、多想，对的才说，真正懂的才说，自己要说也应该让别人同样有机会说，并且进而养成"让给比自己更合适的人来说"的好习惯，不断地扩大自己的视野，充实自己的本领。

三十六岁就要成功，不但要养成自己这一代的好习惯，而且要将上一代的好习惯发扬光大。不但要革除自己这一代的坏习惯，而且要以上一代的坏习惯为镜鉴，及早加以避免。

成功的人，应兼具两代人的优点，去除两代人的缺点。仅仅具有这一代人的优点，不足以领先；仅仅去除上一代人的缺点，也不能保证必然胜利。

六、不良习惯要从今起连根拔掉

对外来的影响，要善作选择。

一般而言，我们很容易受到上一代人的影响，不是盲目跟着他们，便是盲目地反抗，一定不跟着他们。这两种态度，不论是顺从或抗拒，都不适当。

最好的方式，是学习上一代的良好习惯，同时抗拒上一代的不良习惯。例如父亲勤劳负责，母亲任劳任怨，我们当然应该学习；父亲抽烟酗酒，母亲爱买便宜货，我们大可不必跟着养成同样的习惯。

上下两代之间，由于环境的变迁，往往产生不同的习惯。例如上一代多半具有强烈的责任感、吃苦耐劳，在金钱方面精打细算；下一代人则大多缺乏强烈的责任感、逐渐好逸恶劳，在用钱方面也常粗心大意。这种现象，正是"富不过三代"的最好表征。成功的人，必须明察同一代人的优劣点，发扬优点并避免缺点，才能够在同辈之中，脱颖而出。

幸运的儿童，便是父母能明智地指出自己的优缺点，辅导其学习自己的优点而去除自己的缺点。

但事实证明：能够对自己的缺点有清楚认识的人，并不多。能够坦承自己的缺点，并且辅导子女不要跟着走的人，更少。

有些人明明知道自己的缺点，却始终不愿承认。特别是自己的子女面前，更不肯坦白说出来。

幸运遇到父母冷静、客观地分析自己的优劣，偏偏子女又不一定肯听、肯信，以致好的学不到，坏习惯倒变本加厉地传承下去。

子女的幸运，决定在父母能不能及早分析自己的优劣，同时子女能不能体会父母的用意，学习优点而避免重现缺点。

每个人都有缺点，刻意隐瞒，不过是自欺欺人的行为。对父母这一代没有好处，对子女这一代有很大的害处。若是坦白说出来，努力去克服，人类就有可能一代比一代更好。

明白上一代人的优点，努力学习；了解上一代人的缺点，极力避免。这样以上一代人的经验，作为自己的明镜，可以减少很多不良的习惯。

稍长后，注意聆听上一代人对自己这一代人的若干批评，不难发现这一代人的共同优劣点。

多数人不喜欢上一代人的观点，也不重视他们的批评。我们若能虚心接纳，加上客观评估，找出这一代人共同的优缺点，分别予以发扬或革除，必然超越同侪，成为这一代人的优胜者。

能否革除坏习惯，完全操之在我。

从这个角度来看，命运的好歹，其实就是"能不能发现父母的优点，加以发扬光大；能不能明白自己的缺点，努力改善"。

命运操之在我，意思是"我可以察觉自己的缺点，并且逐一加以改善"。革除不良习惯，命运就会趋向顺吉；保留不良习惯，命运自然愈来愈不好。

知道自己的缺点，却希望以后再改，等于好运唾手可得，却懒得把手抬起来。

许多人都期待"明天再改"，哪里知道"明天之后，永远还有明天"，就这样因循苟且，一直拖延下去，把自己的好运都拖掉了。

今天就开始，命运马上会变好。拿这种积极的态度，来革除不良习惯，才是"善待自己"的不二途径。

但是，今天有二十四小时，说长不长，说短也不短。今天之中，现在最适宜。要革除不良习惯，就从现在着手。说改就改，一点不犹豫，一点也不迟延，这正是人类最为可贵的力量。

现在，把自己的不良习惯列出清单，逐一革除。"日日新，又日新"，就从现在开始。

玖 实践即知即行的成功途径

阅读本篇，有助于了解：

1. 成功的有效途径是什么？

2. 什么叫作实践力？

3. 为什么有人会害怕成功？

4. 怎样克服害怕成功的心理？

5. 智慧和知识有什么关系？

6. 有计划的实践，包括哪八个阶段？

7. 实践时要把握哪五大原则？

8. 什么叫作本事？

9. 为什么要边实践边修订计划？

10. 怎样快快乐乐地成功？

唯有在行动中才能印证成功。

孟子说："劳心者治人，劳力者治于人。"劳心者即知者，劳力者为行者。孟子早就觉察劳心者贵于劳力者，知识比行为更加可贵。

但是，近代生活，很难区分劳心者和劳力者。科学家劳心研究，免不了劳力调查、实验或探险。农夫劳力耕种，也不免要劳心改良品种。

知识的确定与精神的安定，乃是人类普遍的要求。然而确定或安定，并不能在抽象的理论、主观的想象中获得，必须从实际的行为中求取。唯有在行动中求安定，人类才会进步。孙中山先生指出："人类获得知识的过程，都是从冒险猛进而来。"刚开始"不知而行"，继则"行而后知"，最后"知而后行"。

知道很多成功的法则，却迟迟不去实行，充其量只能获得想象中的成功，无法得到真实的结果。

我们所知道的成功要领，到底有没有效果，必须切身去实行，才能印证。

《尚书》记载傅说对武丁所讲的"知之匪艰，行之惟艰"，把中国人害惨了。大家听到这两句话，总以为"知道一件事情很容易，而做起来实在十分困难"，因而强调"事非经过不知难"。

知易行难的心理障碍，使得中国人普遍怕"行"。一般人重视劳心而轻视劳力，读书人则动口议论却不能动手操作。社会上多的是百无一用的寄生虫，科学界缺乏真正格物实验的精神。

力行一定成功。

其实，傅说并没有说什么"知之匪艰，行之惟艰"。他当年所说的话，乃是"非知之艰，行之惟艰"，意思是"劝告武丁重视笃实践履",想不到后人为了上下两句的对称,调动一下次序,改成"知之匪艰,行之惟艰",这才弄成大误解,产生"多做多错,少做少错"的错误心理,以致国势衰弱,民生凋敝。

现代人由于孙中山先生的倡导,逐渐体会"知难行易"的重要性。明白"能知必能行,不知亦能行,行以求知"的道理,深信"力行一定成功"。却无法完全摆脱往昔"知之匪艰,行之惟艰"的错误解释,迄今多少仍有"知之匪艰,行之惟艰"的错觉,使实践的力量,未能发挥到理想的境界。

真正了解"实践"的精神,掌握"力行"的道理,则任何奇迹,都能够创造出来。实践力无疑是成功的可靠途径。循着即知即行的道路,必能获得成功。

实践的要领,分述如下:

1. 一步一步走出成功的道路。

2. 知之为知之而不知为不知。

3. 有计划的实践能确保成功。

4. 要有完成大志的真实本领。

5. 边做边修订计划比较可靠。

6. 成功要靠经年累月的努力。

一、一步一步走出成功的道路

不要害怕成功。

人一方面盼望成功，却又一方面害怕成功！

旅美学人邱连煌先生指出："人的情绪反应很复杂，既怕失败，又怕成功，真是患'得'患'失'！"

他举例说：有人从事某桩事情，总是不愿全力以赴，不能拿出百分之百的精神精力去干，结果自然降低了成就水准，表现差人一截。眼见成功的荣誉落入他人的手上时，又后悔莫及，捶胸痛骂自己不中用、没志气。不然，就是酸溜溜地如此嘀咕着："这有啥了不起，假使我像他那么用功，一天到晚只顾抱着书猛啃，我也会有像他一样出色的成绩。"既然成功的果实尝不到，在口头上否定它的价值，似乎会使人心里好过些。这种"不为也非不能也"的现象，主要原因可能是怕成功心理在作祟。我们若对成功的后果抱着不安的态度，前进的脚步便会不知不觉地滞缓下来，锐气大减，冲劲消失。

人为什么怕成功呢？

邱先生认为有三大原因，分述如下：

第一，担心成功会增加自己的心理负荷。

做某事获得成功，不啻为自己的行为表现树立了标准，开了先例，成为众人瞩目的对象。从今以后，就必须时时以成功为念，硬是被逼着去维持既已建立的高水准，好像鼻子被人牵着走似的，再也身不由己了。持续维持高水准，这要花多少心血啊！令人想到就怕，所以干脆不要成功。

第二，害怕成功会带给自己更大的责任。

能者多劳的观念，使我们意识到成功的人，不得不照顾不成功的人。有能力的人必须要帮助无能力的人，那么成功的人，背上等于平添一个大包袱，沉甸甸好不累人。有人戏称"成功即是成工"，简直成了"工人"。有人故意少赚钱，以免钱赚多了就得挑起奉养双亲的责任，否则难免心生内疚。于是为了逃避责任，宁可不成功。

第三，唯恐自己愈成功，就愈抵触社会的习俗。

男人做女人的事，不敢做得太好，以免引起不良的议论。女人从事男人的工作，也不敢表现得太杰出，否则会引起更强烈的反感。当个人所扮演的角色与传统上社会所认可的角色相抵触时，怕成功的心理，往往更加剧烈。

成功需要一步一步，怀着无比的毅力去完成。如果心里害怕成功，就会犹疑不前，不愿意拿出全部精神去实践。于是，明明能够成功的人，也为了害怕成功而失去成功的可能。

邱先生提醒我们："要时时自省与警惕，是否具有怕成功的心理，横亘于我们的前程，阻碍着我们的去路。假使有，我们就该当机立断，勇敢地一脚踢开这块绊脚石，满怀信心地步入成功之途！"

克服害怕成功的心理，有三个要点。

怎样一脚踢开"怕成功"的绊脚石呢？我们的建议说明如下：

首先，一件事情做得成功，不见得就要样样事情都应该成功。

人大概有长处也有短处，很难要求十全十美。只要发挥自己的长处，在某些方面获得成功，并不需要由于某些方面的成功，便进而要求自己在各方面都成功。同理，成功之后，也不必时时以成功为念，以免增加自己心理上的负担。

其次，才也养不才，有能力的人应该照顾没有能力的人。

能者多劳，乃是一种荣誉，并非完全是自讨苦吃的责任。主动发挥自己的能力，就会轻松愉快。被动地居于自找麻烦的心态，愈多做愈觉得自己是个大傻瓜，于是疲惫、苦恼、忧郁，就逼得自己透不过气来。

最后，当今民主社会，应男女平等。

在教育上，大家一样有机会；在职业上，彼此也可一较长短。男人女人，心理上都不必过分计较以往对性别的束缚，放手去做。

二、知之为知之而不知为不知

智慧通过知识，才有影响力。

不害怕失败，一步一步走上成功的大道。最要紧的，便是秉持知之为知之，不知为不知的态度。

"知"这个字，包含"智慧"和"知识"两层意思。智慧固然重要，知识更加要紧。因为成功贵在实践，而智慧的效果，必须通过知识，才能发挥其影响力。

第四章谈到学识要灵活运用时，曾经说过陈大齐先生所举的例子："一个智慧高超的人，未学得有关机械的知识，不能制作机械，亦不能修理机械。一个智慧高超的人，未学得有关会计的知识，不能从事审计，亦不能处理账目。所以对于效果，智慧只能有间接的影响。智慧加上学习，产生了知识，才能产生直接的影响。"

"小时了了，大未必佳"的原因，多半指自以为聪明的人，喜欢依凭天才，而忽视知识的追求。以致智慧虽高，却缺乏知识，因而不能成功。

知识为什么重要呢？陈大齐先生分析说："要把事情处理得合理中肯，第一步须先认识对象的性质及其所处的环境。对象的性质不明，无从着手处理，盲目处置，不能有收到良好效果的把握。对象的性质认识清楚了，又须观察对象所处的环境。因为同性质的对象，若其所处环境不同，处理方法就不能不有所改变。认清对象的性质及其所处的环境，都是知的作用，都有赖于知识的指导。"

"第二步，要设想各种可资采取的处理方法，且须设想周到，务期无所遗漏。各种可资采取的方法都想到了，更须就诸种方法预测其可能引致的后果，并就各种后果比较其得失，然后择取其中可能收效最大的，定为处理方法。必须经过这样的努力，然后处理事情才能中肯。这一阶段所含有的设想、预测、比较、选择，又无一不是知的作用，无一不依靠知识的指导。"

成功的基础，在于清楚的洞识力。洞识力的发挥，表现在处理事务合理中肯。而处理事务合理中肯，则有赖于知识。要实践有效，必须增广自己的见识，扩充自己的知识。知识是实践力正确有效的保障，也是实践力的源头，为实践力之所出。

正确的知识，才能帮助成功。

陈大齐先生继续指出："知识必须正确。"正知和邪知，应该明辨。必须以真切知道为知道，以不真切知道的为不知道，才是真知。

"知之为知之"好像比较容易，"不知为不知"似乎相当困难。因为一般人多喜欢认为自己知之，却很不愿意承认自己不知。

既然"以知为荣，以不知为耻"，就会"勉强把不知当作知"，因而误人误己。

其实，知有正知也有邪知。真切了解，而且有事实根据，属于正知。一个人正知愈多，愈能了解问题，并进而分析、研究、比较，来解决问题。以正知为荣，应该是正确的态度。所知不够真切，而且缺乏事实根据，便胡说乱道，势必误人。以邪知为荣，是不正确的。

陈先生认为"知道得不甚真切而自以为知"，有两个主要来源：一为自己的想象，一为他人不负责任的传述。想象的知，不能保证必然合乎事实的真相，不是正知。他人不负责任的传述，不管是出自传述者自己的想象，或者是传自第三者的谈论，大都不合事实的真相，更不是正知。一般人喜欢凭想象，又喜欢道听而途说，所以到处都有邪知，必须注意"过滤"，才能做到"知之为知之"。

成功的人，应该拿事实作依据，以经验为方法，不要随便猜测，也不要不经证实就胡乱相信。因为"知"是"行"的根据，一个人认真实践，如果所依据的，是错误的知识，就会导致不良的结果。一个人认真实践，必须依据正确的知识，才能够获得良好的效果。

三、有计划的实践能确保成功

有计划的实践包括八个阶段。

我们说拿事实作依据，以经验为方法。意思是正确地吸收新知，以他人既有的成就，当成自己前进的垫脚石。善用别人的经验，为自己的成功铺路。唯有踩在巨人的肩膀上，才能事半功倍地爬得更高、更快。

很多人喜爱阅读成功人物的传记，便是因为他们的经验，有许多可以借鉴的地方，能助我们少犯错误。

可见从自己或他人的经验，找出若干成功的事实，作为自己计划的依据。再从实践经验中，记取挫折、缺失的教训，反过来修正自己的计划，重新出发。这样有计划的实践，能够确保自己的成功。

成功的历程，其实就是"有计划的实践"。包含下述八个阶段：

1. 理想的假定。对自己的人生提出若干梦想。

2. 理想的持续。随时随地将自己的梦想放在脑海中。

3. 类推的思考。在日常生活中，发现和自己的梦想有关联的信息，就要加以注意和搜集。

4.深入的探讨。多方搜集有关信息，还要深入地加以分析、比较和归纳，使自己的梦想更加明确，可以实现。

5.逐步的尝试。一步一步，有计划地尝试。发现缺失或遭受挫折，要逐一记录、检讨。

6.适度的调整。明白自己的梦想，以及自己有哪些缺点、优点之后，经过认真反省检讨，并且请教可以信赖的长辈或朋友，做出合理调整，使梦想更能顺利成真。

7.有恒的实践。以不折不挠的态度，有恒心地实践自己的梦想。

8.阶段的适应。梦想实现，知道自我调适，在美梦成真之后，使自己生活得十分愉快。否则成功之日，才发现盛名之累，多财之祸，恐怕会更加不愉快。

这八个阶段，无不包含计划和实践。理想的假定，固然偏重于计划，而丝毫不实践，根本不可能假定出自己的理想。理想的持续、类推的思考、深入的探讨，也都需要计划和实践合一。至于逐步的尝试、适度的调整，以及有恒的实践，则是计划中的力行，非实践不可。阶段的适应，说起来也是知行合一的产物。

实践理想要掌握五大原则。

实践的时候，必须掌握下述五大原则：

第一，弄清楚自己的目标。

第二，看清楚自己的优点和缺点。

第三，进一步发挥优点，彻底检讨缺点，并采取补救的措施。

第四，决定实践的优先顺序，并且立即付诸实行。

第五，时时检讨实践的成果，及时调整补救。

将人生的理想加以假定，例如工作方面的成就要达到什么程度？在成家方面，什么时候结婚？找什么样的人做对象？结婚后是不是继续工作？如何养儿育女？在立业方面，要不要自己创业？最喜欢从事哪一种行业等。通过这一连串的思考，逐渐获得具体的答案，便是计划。

有了计划，配合分段达成的时间表，有恒地逐步去实践，即是有计划地付诸实行。

如何实践？思考中的行动，叫作策略；真正的动作，才是策略行动。

譬如王小姐，认为自己在考虑结婚对象时，除了注重对方的人品之外，还要衡量对方的家世、收入及未来发展的潜力。她这种思考的过程，便是策略。从此遇见符合条件的对象，王小姐就不放过任何机会，甚至会努力制造情况，让对方不得不和她谈话。这种为自己制造机会的举动，便是策略行动。

策略加上策略行动，使自己的想法获得具体的成果，这就是成功的历程。

四、要有完成大志的真实本领

有本事才会成功。

西方社会主张"能力本位"，有能力而又尽量发挥，便可以逐步获得成功。

中国人喜欢"有本事的人"，有本事自然会成功，似乎比光有能力，要稳当得多。

什么叫作"本事"？一般说来，具有六大同等重要的内涵，分述如下：

1. 合理的态度。认清自己的见解，未必全对，而他人的意见，也不一定完全错误。凡事抱持"大家好商量"的心态，尽量先听听别人的意见，以集思广益。

中国人主张"在圆满中分是非"，绝对不可以不分是非，也千万不要分是非分到大家都没有面子。既不为求表面的和谐而没是没非，也不盲目相信上级或长辈的是非。每一个人，都应该合理地坚持自己的意见。坚持的程度，与自己的把握成正比。有几分把握，做几分坚持。用结果来证明自己的判断，以合理的坚持来树立自己的信用。

2. 自主的觉醒。不盲目顺从，不做乖乖牌，也不喜欢别人把一切细节都安排得妥妥当当，使自己失去"自作主张"的机会。喜欢自己寻找答案，并且对自己找来的答案负责。

自主的先决条件，乃是"别人放心让我自主"。因此必须充分"自己做好计划，自己切实执行，自己严格评估"，获得他人的信任，才有足够的自主机会。

3. 人际的技巧。与人相处，绝对不可圆滑，却应该圆通。圆滑和圆通从表面上看起来，完全相同，都是"推、拖、拉的过程"。然而从实际上来省察，则完全不同。用推、拖、拉来面对问题，不想解决，也解决不了，叫作圆滑；用推、拖、拉来面对问题，并且合理地加以解决，便是圆通。推、拖、拉一旦成为和稀泥的手段，那就是圆滑，令人厌恶；推、拖、拉如果是在和谐中真正解决问题，便成为众所欢迎的圆通。

4. 专业的知识。受过相当的教育，修习专业的课程，具备初步的专业知识之后，还要时时留意最新的发展，搜集合用的情报，使自己的专业知识，得以赶上时代，永不落伍。

学历是专业知识的基本证明，学力才是不断进步，合乎时代潮流的表现。有了学历之后，必须不断充实，以提升自己的学力。

5. 自我的定位。一个人充分了解自己应尽的责任，而且拥有恪尽职责的决心，才能够说到做到，甚至先做后说，或者多做少说，真正用心把工作做好。但是，在动手之前，必须弄清楚自己所处的地位，将自己的上下左右都摸清楚，才不致越权，逾越自己的本分，惹人怀疑与反感。

恪尽自己的本分，容易陷入本位主义，因此必须心目中有他人的存在，拿"将心比心"做原则，把自己定位在彼此配合的动态中，以获得大家的支持与配合。

6. 合作的心理。中国人并非一盘散沙，有时也能够密切地合作。主要看自己愿不愿意率先伸出合作的双手，而不是一味等待他人首先表现合作的诚意。

大家都等待，合作成为"可遇不可求"。从我开始，他人就会有所回应，因而彼此合作，发挥组织力。

兼顾各方面的能力，才是有本事。

有本事的人，能够以合理的态度来顾全大局，自动自发地自主觉醒，富于有效的人际技巧，具备确保做好工作的专业知识，了解并恪守自己的本分，以及愿意自己跨出第一步以求与人合作，可以说拥有完成大志的真实本领。

用真实本领来执行既定的策略，必能产生有效的策略行动，使自己的目标，早日达成。

有决心、有策略，加上有本事，对达成目标，具有挑战力。这样的实践，才是有实力的表现。

五、边做边修订计划比较可靠

观念改变，带来必要的修订。

大家都知道现在是瞬息万变的时代，每个人的观念，会不断受到各种因素的影响，而产生变化。

例如"男女平等"的观念，逐渐取代以往的"男尊女卑"。"男主外、女主内"的分工价值观，必须变更为"男女互助合作"。

过去遇见白发苍苍的老人，尊称一声"老伯"或"老先生"，应该是礼貌的表现。但是少年白头的情况愈来愈多，而高龄化的社会，究竟几岁才算是"老人"也愈来愈不容易界定。贸然称呼"老伯"或"老先生"，可能会引起对方的不愉快。

信息发达并且传播迅速的时代，专家和业余，好像很难加以区分。有时愈内行愈容易失败，外行人反而比内行人更为内行。

到底是储蓄得多才算富有？抑或是消费得多才是真正的有钱人？

知道得愈多愈快活呢？还是知道得愈少愈无忧无虑？

为什么正常的行为，会变成异常？而异常的行为，却又被公认为正常？

诸如此类的变更，主要来自观念的改变。在实践的过程中，观念的改变经常带来行动的变化，通常最容易发生的结果，便是修改原先制定的计划。

王君的生涯规划，是考入医学院，毕业后当一位救人的外科医生。

高二那一年，他被学校推选为代表，参加全市作文比赛，获得冠军。领奖的那一天，他十分兴奋地把奖牌和奖金从颁奖先生的手中接过来，一不小心，竟然掉落在地上。旁边一群男女记者，抢拍这个镜头，弄得王君既不安又愤怒，不晓得这些人为什么要拍摄他的窘状，难道真的要出他的洋相？

从此王君恨透了记者，却不断地发觉记者不但活跃在各种场合，而且善于虚构事实，或者揭露人家的隐私。

于是他变更计划，不考医学院，改填入学志愿为新闻系。顺利进入之后，这才明白"狗咬人不是新闻，人咬狗才是新闻"，从此一改初衷，专门以快照拍摄他人窘迫、倒霉的瞬间，并引以为荣。

一连串的错误观念，使得王君边做边修改，以致"十分有信心"地走上偏道。这样的边做边修订，显然并不理想。

王君的缺失，很明显地，是由于缺乏正确辅导。如果能够及时请教，解除心中的疑惑或怨恨，王君就算真的修习新闻，也不可能养成如此恶习。

现代年轻人，有一种普遍的误解，认为"年龄的差距，必然产生代沟",而且向长上请教,容易被教训,等于自找没趣,于是转而"和同年龄的朋辈商量"。这样"不懂的请教不懂的",虽然不至于"问道于盲",却常常得不到正确的答案。

"代沟"是人制造出来的东西。自己认为与长上有代沟,它就会明显地存在;自己认为根本没有,它就会立即消失。养成主动向长上请教的习惯,在边做边修订的过程中,获得正确的指引,才会可靠。

修订计划的基本态度必须确立。

修订的基本态度,应该是"先考虑不变",然后才"考虑改变"。

凡事先想不变,一切照原定计划去实践。如果决定如此,而又意志坚定,那就不必修订。

若是不变不行,甚至认为非变不可。那就主动请教:"在这种情况下,怎样修订才合理?"

一种意见觉得不妥,可以另行请教。听来听去,总可以找到比较合意的答案,于是据以修订,并且从实际行动中考验其合理性,这才是边做边改的有效方式。

六、成功要靠经年累月的努力

从劳苦中找出快乐。

任何事情，计划起来好像比较容易，实践起来却觉得相当困难。因为每一步的完成，都离不开奋斗，总有许多难题必须克服。

常听人说："我十分辛苦。"很少有人说："我非常轻松。"人生除了睡觉以外，四肢五官都要动用，一动用就会费力、劳神，所以辛苦是免不掉的。

成功是长期的努力，有恒的奋斗，那岂不是永久的辛苦？

这时期我们最好想起梁启超先生的劝告："苦乐全在主观的心，不在客观的事。"

梁先生主张"会打算盘的人，只有从劳苦中找出快乐来。"他认为"天下第一等苦人，莫过于无业游民，终日闲游浪荡，不知把自己的身心摆在哪里才好，他们的日子真是难过。第二等苦人，便是厌恶自己本业的人，这件事分明不能不做，却满肚子里不愿意做。不愿意做，逃得了吗？到底不能。结果还是皱着眉头、哭丧着脸去做，这不是专门同自己开玩笑吗？"

快快乐乐地在岗位上奋斗。

怎样从劳苦中找出快乐呢？依据梁先生的经验，可以归纳出下面三种方法：

第一，从过程中寻找乐趣。有些人过分重视结果，一心一意等待良好结果的出现，以致忽略了工作的过程。其实每一件工作，总有许多层累曲折，倘能身入其中，看它变化进展的状态，自然十分亲切有味。

一心等待成功的结果，不如在奋斗的过程中，经年累月地投入自己的层累曲折，并且从刻苦中将快乐的分量逐渐增加。以轻松愉快的心情，努力奋斗。

第二，在竞赛的气氛中获得快感。漫长的奋斗过程中，常常要和一些人竞赛，若是得到胜利，当然有成就的快感。万一落后，也可以同自己的过去相比较。发觉自己是进步了，只是进步得不如别人那么快。于是用心检讨，找出真正的原因，再不断提升，也是一种乐趣。

只要记住：人生原本就是长期的竞赛，今天落后，并不表示一辈子都要跟在人家的后面。暂时不如人，唯有切实寻找病根，真正根除，才能迎头赶上，并且后来居上。

第三，专心投入工作即能产生乐趣。有些人不够专心，经常想东想西，结果工作做不好，心思更加游移不定。如果能够专心投入，把许多游思妄想杜绝掉，那么就可以省却无限烦闷。这样一来，渐渐从工作中领略出趣味，有时真的会"发愤忘食，乐以忘忧"。

中国人所说的"专心"，实际上和西方人所主张的有所不同。西方人从小被教"一心一用"，养成"一段时间只能从事一件工作"的习惯，他们所说的专心，比较偏向"在一段时间内，将心思集中在某一件事情上"，从生活上观察，比较缺少"兼顾"的可能性。

我们自古以来，就重视"兼顾"。因为中国人喜欢"一心多用"，养成"边做事边玩，边玩边做事"的习惯。中国人所说的"专心"，是指同时可以照顾若干方面，不过在应该集中心思的时候，就必须集中，千万不能涣散。

成功有赖于经年累月的努力，若是一直保持高度的专心，神经绷得太紧，反而不好。

西方人的方式，努力一段时间，再休息一段时间。中国人的方式，努力一小段时间，就放松一小段时间。西方人星期一到星期五专心工作，星期六及星期天专心休闲。中国人每一天之中，专心工作之余，兼顾片段的休闲。

专心不专心，自己最清楚。不需要做表面功夫，真正对自己负责最要紧。因为经年累月的努力，终究是为了自己，而不是为别人。

拾　坚毅进取还要十分忍耐才能成功

阅读本篇，有助于了解：

1. 忍耐为什么能够保证成功？

2. 忍耐是不是为了讨好他人？

3. 为什么要让好人说好也要让坏人说坏？

4. 忍耐对自己有哪些好处？

5. 怎样正当地泄愤？

6. 要不要压抑自己？

7. 为什么要随遇而安？

8. 什么叫作"见小则大，见大则小"？

9. 平衡思想有什么特性？

10. 为什么要坚持赶上时代？

坚忍是成功的最大保障。

中国民间流传"做人十要"，分别为：一表人才，两套西装，三杯酒量，四圈麻将，五方交游，六出祁山，七术打马，八口吹牛，九分努力，十分忍耐。

一表人才指"自己正心诚意，由内而外，让人家获得良好的印象"；两套西装指"穿着衣物要配合身份及场所，务求得宜"；三杯酒量指"社交场合，饮酒适量以维礼节"；四圈麻将指"培养若干技艺或参加某些活动，以期拓展社交，且赌博性交际消遣已不合时代，应予革除"；五方交游指"交友不必局限于特定范围，以增广见闻"；六出祁山指"遭遇困难要不折不挠，并且愈挫愈勇，全力以赴"；七术打马指"适当地尊重长上，实在有其必要，且最好以正道来博得上级赏识"；八口吹牛指"人不免自我吹嘘，只要不过分，当属人之常情"；九分努力指"纵然资质再高、背景再好、机会再多，如果自己不努力，也不可能成功"；十分忍耐指"一切修养，都赶不上忍耐重要，且若是不能忍耐，以上九项修养，都将枉费心力"。

成功的因素，百分之九十九属于性情态度。包括爱、欢愉、乐观、信仰、坚定、镇静、信心、勇气、想象力、主动、容忍、诚实、谦让、热心和坚忍。这一些要素，**以坚忍为成功的最大保障**。因为成功者无不是勇往直前，不怕失败，不颓丧，不甘心让眼前的挫折影响长期的目标。为了超越艰难的挑战，必须坚毅进取，十分忍耐。

现代人生活在一片求好、求快的呼声中，几乎忽略了忍耐的美德。有些人遇到一点困难，就不堪忍受；有些人稍有挫折，便伤心气馁；有些人则遭遇失败，就萌生自杀的可怕念头。

面对困难和挫折，愈忍耐愈坚强。

其实，完全没有困难，丝毫没有挫折，从来未曾失败，当然求之不得。然而事实上却未能如此，因为人生不如意事，十常八九。人生始终摆脱不了忧虑、恐惧，唯有十分忍耐，面对这些威胁，时刻企求安然度过，人生才有意义，也才有价值。

任何事情，都不可能一蹴而就。必须按部就班，一步一步去做。在过程中，会不断出现变数，造成诸多障碍，产生许多困难。

做一件事，只要认清是好的、对的，就必须忍耐，面对各种变数，解决各种问题，克服各种困难，有恒地奋斗下去。因此无论做什么事，都需要有耐性。虽然事与愿违，也要坚强忍耐，愈挫愈勇，达到预期的目标。

忍耐是一种美德，也是成功的最大保障，兹说明如下：

1. 要让好人说好也要让坏人说坏。

2. 忍耐能够使人的白发变成黑发。

3. 心上一把刀不可求逞一时之快。

4. 随遇而安并不是盲目随波逐流。

5. 见小官大视之见大官则小视之。

6. 不进步就退步要坚持赶上时代。

一、要让好人说好也要让坏人说坏

忍耐并不是为了讨好他人。

有些人反对忍耐，主张"有话就要直说"。他们认为中国人长久以来，一直忍耐，弄得人间没有是非，社会缺乏公理。似乎大家忍耐，就必然带来和稀泥的不良结局。

其实，任何人仔细想想，都不难发现：我们从忍耐获得的好处，比有话直说还要多。

忍耐的目的，如果放在"让大家说好"，存心讨好所有的人，那么忍耐的结果，便会变成不明是非，不分好歹。忍耐的目的，若是摆在"让好人说好，也让坏人说坏"，就不可能糊里糊涂地变成大家厌恶的乡愿。

社会上有好人，必定也有坏人。好人说我们好，我们未必好；坏人说我们坏，我们也未必坏。必须好人说我们好，而坏人也指责我们坏，这才是真正的好人。

担任警官的人，如果老百姓说他好，而地痞流氓也称赞他好。请问：这样的警官可能好吗？

税务人员，逃漏税的人骂他不好，而奉公守法的民众也骂他不好。请问：这样的税务人员，我们会认为他好吗？

好警官，必须善良的老百姓称赞他，地痞流氓咒骂他，才称得上是好警官。

好的税务人员，应该是逃漏税的人讨厌他，而奉公守法的人称赞他，才算是良好的税务人员。

一个人的所作所为，看在别人眼里，会产生不同的评价。因为每个人立场不同，所以看法也不一致。

我们的所言所行，既然无法获取大家一致的看法，那么势必舍弃坏人而重视好人的评价。不介意坏人的抨击，却需要好人的肯定。

问题是：究竟谁是好人？谁又是坏人？实在很难界定。最糟糕的现象，莫过于把好人当坏人，而又将坏人看成好人。

好人、坏人并没有明显的标志，事实上好人、坏人也不能一分为二，划分得清清楚楚。同一个人，在某些方面评定起来，是好人；从另外某些方面看来，却是不折不扣的坏人。

正因为如此，我们凡事必须忍耐。自己的看法不一定全对，别人的观点未必全然是错的。和我们具有相同论调的人，不一定就是好；和我们有不同意见的人，也不见得必然是坏人。

不忍耐很难看出谁是好人、坏人。

缺乏忍耐的修养，经常把"与我意见相同的人"，以及"没有声音的人"，当作好人，同时把"和我意见相左的人"，以及"喜欢标新立异的人"，看成坏人。这种衡量标准，常常冤枉好人，却无意中亲近了坏人。

成功的人，必须十分忍耐，先不把对方界定为好人或坏人，而是冷静地研判对方的态度，采取合理的回应。

对方愈容易发怒，我们愈应该镇定温和，装得好像置身事外一般。有经验的成功人物，经常把握"对方发脾气，就觉得自己胜利在握"的原则，因而从容不迫，有条有理地给予对方无懈可击的反应，使其口服心服。

遇到不容易发脾气的人，我们更不可以轻易发怒。因为对方如此镇定，而我们大发脾气，势将遭遇无法挽回的难堪，等于自讨苦吃。

还有一些狡猾的人，故意激怒我们。我们一旦大发脾气，无异自投罗网，成为对方的猎物。

当然，忍耐并不代表完全不发脾气。心理学研究表明，愤怒实际上也是人类性格中一种极有价值的特质。适当的愤怒，可能带来许多好处。有人一怒辞官，终于开创出一番大事业。岳飞怒发冲冠，令后世永志不忘。可见忍耐不是不发脾气，而是不乱发脾气。正确的意思，应该是"先弄清楚对方究竟是好人还是坏人"，然后"对好人客气，对坏人不客气，甚至发脾气"。

二、忍耐能够使人的白发变成黑发

忍耐对自己有很多好处

从小就时常听母亲说："忍耐能够使人的白发变成黑发。"长大后才了解：原来忍耐可以减少很多烦恼，使人老得慢些。

愤怒的时候，大声叱骂、拉头发、撕衣裳、摔椅子，无论哪一种表达方式，最后必定伤害了自己。

对方不能忍受，可能拔刀相向，可能揍我们一顿，也可能更凶狠地反骂我们。请问：遇到这样的人，我们怎么办？进一步攻击他，可能打不过。吓得发呆，或者赶紧道歉，岂不是更令自己难堪？

对方能够忍受，冷静地等候我们发过脾气，再提出合理的解释。我们愈听愈觉得自己乱发脾气很丢脸，又该怎么办？恼羞成怒，等于不讲理。反过来自己低声下气，会不会后悔刚才为什么那样鲁莽？

不论对方能否忍受，也不管对方有没有道理，自己发脾气的时候，血压升高，肝脏受到伤害，已经是自己整自己了。

成功的人，必须维持喜、怒、哀、乐的平衡。凡是喜怒变化得特别激烈的，遇着一点小事情就容易流泪，或者突然地动怒，表示肝脏的气力低落。依据中医的研究，情感的表现如果过于激烈，"喜伤肾脏，怒伤肝脏，忧伤心脏，悲伤肺脏，笑伤关节，恐惧伤脾脏，惊吓伤胃肠"，都会造成重大的影响，也会在该部位产生疾病。

善用正确的泄愤方法。

愤怒发而中节，才是正当的处理方式。完全压抑在心里，也会造成伤害。下面有几种泄愤的方法，可供参考：

1. 把怒气发泄在无关紧要的小事上，养成处理大事镇定冷静的忍耐力。

对于某些微不足道的小事情，如果有不愉快的感觉，不妨尽量发泄自己的怒气，直到心境完全恢复舒泰为止。这样不会把小小的不愉快压抑在自己的心里，以免愈积愈多，一旦遇着大事情，反而忍不住爆发出来，失去自制。

怒气发泄后，马上把心情放松下来。已经发过了脾气，就要把它忘掉，不要记在心上。否则发是发了，仍旧累积在自己心中，依然是一颗不定时炸弹，十分可怕。

2. 大事小事很不容易区分，不如把怒气宣泄在书信上，只要写好之后，暂时不要寄出，就会怒气全消。

当今民主时代，小事可能变成大事。为了谨慎起见，遇着胸中愤怒时，找个比较安静的地方，坐下来把自己满腹的牢骚写在信上。要怎么骂就怎么骂，想怎样发脾气便照实写在信纸上面。

写完之后，人像放了气的皮球，轻松得多。这时候把信收藏好，告诉自己过两天才寄出。两天以后，再翻开来看，自己都会觉得可笑，撕掉算了。如果仍旧要寄，就应该仔细衡量一下，后果如何？多半的结果，都是用火把信烧掉。一方面烧掉愤怒，一方面也烧掉秘密。

3. 觉得愤怒时，赶紧找借口跑出去，换一个场所，让自己冷静下来，解除愤怒的情绪。

有些人马上回到自己的房间，静静地听一曲自己心爱的音乐，看一看自己欣赏的字画或古董。有些人跑到野外，深呼吸，散散步，与大自然合一。有些人走进弹珠房，打打弹球，或者干脆摔摔它。有些人玩电脑，也有些人打乒乓球，借着环境的转换来改变自己的心情，直到心旷神怡为止。

当别人大发雷霆时，我们最好利用这机会，观察他因兴奋过度所显现的种种弱点。这种印象，不但有助于自己保持冷静沉着的态度，而且能够针对他的弱点，一一加以有力的反击。

忍耐对自己的身心健康，都有相当的好处。忍耐对于事情的进展、目标的达成，也有很大的助益。

三、心上一把刀不可求逞一时之快

忍耐并不是压抑自己。

有一次，当作者说完一大堆忍耐的益处之后，一些年轻人跑来告诉我："忍耐当然有好处，可是我自己十分忍耐，别人却老是嫌我不够忍耐，这怎么办？"

不错，忍耐的限度，各人并不一致。现代年轻人比较少吃苦，更不容易体会"到底什么样子才叫作忍耐"。

"忍"字"心上一把刀"，凡是觉得自己的心上，插着一把刀那般的难过，还要不发脾气，才叫作忍耐。

忍气吞声如果是为了讨好他人，博取对自己有利的好处，就显得有损自己的人格，并不高尚。

若是为了追求合理，而唯恐自己有不合理的判断，纵然觉得对方没有道理，却能够首先忍气吞声，以冷静的态度来衡情论理。这种忍耐，不但不软弱，而且对自己十分有利。

有些人追求痛快，甚至逞一时之快，结果弄得自己下不了台，或者蒙受更大的难堪。由于一时的痛快，换来长期的苦恼，显然不是明智的抉择。

我们主张"慢快"，亦即"慢慢得到长期的快乐"。长痛不如短痛，痛快不如慢快。快而不痛，才是真快乐。

心上插着一把刀，当然要设法拔掉，才能减除痛苦。所以忍耐并不是压抑自己，勉强忍受。因为长期压抑，势必形成身心的疾病，反而有害。最好的办法，就是找出一种对自己适当有效的泄怒方法，以资排解或转换。

中国人喜欢说"吃亏就是占便宜"，对于忍耐或者不忍耐的人，都有很好的警惕作用。

两个人愤怒地大吵一场，赢的人仔细想想："自己实际上收获了什么，又损失了什么？"输的人也仔细想想："自己到底得了什么，又丢掉了什么？"

认真盘算之后，可能会惊讶地发现很多时候"输掉的比赢得的更多"，而且"赢的反而代表失败，输的反而代表成功"，真是胜负难分。

看远一些，看大一些，比较容易忍耐。

假使我们把眼光放大一些，看远一点，不要把所有鸡毛蒜皮的事情，都看成大事，也不要将眼睛局限在眼前的一些小事，我们就会在情况发生的时候，先衡量一下情势，当自己要发脾气时，先考虑一下后果，大概许多怒气，会因而消失，用不着压抑，也不会有痛苦的感觉。

中国人严格说起来，是属于阴阳家。我们都明白"有阴就有阳"的道理，对于"明得暗失"或"明失暗得"，具有良好的洞察力，如果"明的吃亏，就是暗的占便宜"，那还有什么理由，一定要大发脾气呢？

察力，如果"明的吃亏，就是暗的占便宜"，那还有什么理由，一定要大发脾气呢？

我们常常觉得，对中国人而言，宁可和他打架，不要骂他。

和他打架，我们因为没有太大的把握，所以轻易不敢动手，可以减少许多动粗的可能。何况"不打不相识"，有时打出交情来，又是一番新的气象。打架很快就过去，只要不动武，肢体碰撞经常可以使人们变成好朋友。

最好不要骂他，因为中国人普遍"报复心很强，报复期很长"。你打他，他不一定敢打你；你骂他，他一定常常骂你。再说，中国人还有一种十分奇怪的心理："就算我做错了，你凭什么骂我？"

骂中国人，等于自讨苦吃。你骂他一句，他偷偷骂你十句；你骂他一年，他绝不忘记骂你十年。何必找这种麻烦？

最好不打架，也不吵架。这就需要十分的忍耐。忍到心中有一把刀插在那里，仍然不会发火，实在很不容易。我们常常彼此劝解："看开一些。"意思便是"要计较，根本计较不完。看开、看淡，反而轻松愉快"。

四、随遇而安并不是盲目随波逐流

让自己随时随地都觉得十分幸福。

"看开"绝对不是"看破"。一个人若是看破一切，就会失去成功的动力，亦即无法获得成功。

日本的矢矧晴一郎倡导"瞬间幸福"的观念，意思是"每一瞬间都觉得很幸福"。

他举例说："早晨起床时，对着自己说'又是一个新的开始，好运将降临在我身上，今天充满生机，好幸福'！中午时分，'我给自己一个最美好的上午，没有不满、牢骚'！到了睡前，'今天一整天都很努力工作，明天继续加油吧'！"

这种"时时全力以赴，随时拥有幸福的感受"，其实就是"看得开"的最佳注解。

有人问作者，早晨醒来的第一件事做什么？

一个人清早醒过来，举手看腕上的手表，六点差十分。再闭目静躺，一会儿又抬起手来，六点差三分。然后闭起眼睛，静待六点整以便一跃而起。这种人算什么？像不像十足的机器人？

生活当然要规律化，但是早十分钟或晚十分钟起床，到底有什么不对？

想一想，昨天晚上我们是怎么入睡的？先把眼睛闭起来，然后五脏六腑逐渐安静下来，睡着了。

早晨醒来，应该和昨天晚上相反：先醒心，后醒目。有了醒意，把五脏六腑逐一唤醒，轻微运作，然后才睁开眼睛，看看清晨的美景。

要不要一跃而起？千万不要。那样子得心脏病的概率会加大，对自己的健康十分不利。

眼睛张开来，第一件事最好是谢天谢地。谢什么？感谢老天爷，昨天晚上居然没有死掉！

像现在这种环境，空气污染，水污染，食物添加毒素，昨天晚上随时可能毒发身亡。今晨醒过来，还活着，当然值得感谢。

就凭着这一点感谢的心，一早起来就充满了喜悦。好好把握这新的一天，这多得的一天，这难得的一天。

这种生活态度，便是看得开！

培养看得开的生活态度。

清晨感谢，整天喜悦。拿这样的心情，来面对一整天可能产生的问题，会比较轻松愉快，也会充分忍耐。

喜悦的心情，帮助我们从积极面、从光明面来看问题。喜悦的情绪，带动周遭的亲人、同事、朋友，让大家都被感染，相对喜悦起来。

看见什么都会喜欢，任何情境都很高兴，自然可以随遇而安。一个人随遇而安，表面上看起来好像毫无主见，似乎是盲目随波逐流。

"随遇而安"和"随波逐流"表面相似，实质却大不相同。

有原则，能够体谅他人，但是不折不挠，仍旧要设法达成自己的目标，这种以忍耐的心情来扭转不利情境的态度，叫作随遇而安。无论身处任何情境，都能安下心来，却不致忘记原来的目标，抛弃既定的原则。

根本缺乏原则，一味因应外在的环境。为了生存，可以放弃自己的主张，叫作随波逐流。

随波逐流也可能产生胜利者，却绝对不可能成功。因为顺着时势，赢得某些好处，自己想想，却不明白这是为了什么？

成功的人，应该具备随遇而安的修养，绝对不可以随波逐流。换句话说，识时务固然重要，择善固执也十分要紧。不择手段地顺时势，可能获得利益，但很难成功。

忍耐是有原则地因应情境的变化，不乱发脾气地逐步调整到合理。忍耐到失去原则，盲目地随波逐流，那已经不是忍耐，而是"无条件投降"。

五、见小官大视之见大官则小视之

不要欺弱怕强。

忍耐的具体方法，最要紧的，是"见小则大，见大则小"。

通常我们最容易发脾气的场所，不是上司的办公室，而是部属的办事处。为什么？心里认为上司比我大，不怕他就好了，还敢跟他发脾气？部属比我小，在他面前展展威风，发发脾气，谅他也不敢把我怎么样！

买票时对售票员发脾气，因为看他不起。若是一票难求，抱着求他卖一张给我的心情，必然十分客气。等到票买到手，遇到时间不对或座位不合意，可能会生气，因为看不起他。票是我花钱买的，凭他小小一个售票员，居然还敢刁难，给我坏位置？

作者有一次坐计程车，一路上司机不停地议论政治，好像天下大小事他都懂。作者当时有些懊恼，心想花钱坐车，还要接受疲劳轰炸，实在不值得。可是自己坐在他的车中，惹火了他，自己可能倒霉，只好忍耐，假装听他的牢骚。下车时，关车门之前，大声教训他："你以为什么都懂，对乘客乱发议论，简直是胡闹。"

事后检讨起来，司机固然不应该，自己发脾气也没有道理。

如果司机换成自己的上司，我会不会同样地反感？可见自己"看不起人"的心理，仍然在作祟。

看见比自己职位低微的人，容易发脾气。遇着比自己瘦小的人，常常有欺侮他的念头，不能忍耐，不是因为自己没有忍耐力，而是由于自己存有轻视对方的心理。

若是事先防患未然，看见比自己职位低的人，就赶快"大视"他。心里想"他虽然职位低，但是事情是他在办。他如果不好好办，结果还是我吃亏"。再想想"人家也是父母生的，不过运气没有我好，我凭什么看不起他"？于是发现"他办的事，我未必比他内行"，因而尊重他的人格，重视他的办事能力，当然不致轻视他，也就不会乱发脾气。

反过来说，遇到比自己大的人，往往害怕得连话也说不出来，徒然显得自己有所畏惧，使对方看不起自己。

这时候"见大则小"，心里想"他和我一样是两个眼睛一个鼻子，有什么了不起"？再想想"他的运气比我好，不见得就会一辈子比我强，实在用不着自卑，更不必怕他"，于是情绪稳定，谈话充满自信，使对方不得不刮目相看，相对地尊重我们。

不卑不亢，主要是自己调节得宜。基本的念头，即在"你比我大，我会尊重你，但是人生是长期竞赛，有朝一日，我会和你一样，所以不必怕你"。

发挥平衡思想的效果。

中国人最擅长"平衡思想"，见大官则小视之，见小官则大视之，以期求得平衡点，拿合理的态度来对待不同身份的人。

同样，遇见比自己成功的人，不必羡慕，遇见比自己不如的人，不可骄傲。

简单的事情，必须加以适当的复杂化，才不会"大意失荆州"，造成"阴沟里翻船"的惨剧。

复杂的事情，就应该简单化，以免无从下手，根本找不到切入口，造成"一拖再拖"的不良后果。

容易做的事情，要更加小心，难解决的事情，要轻松一些，才能集中心力。

遇到快乐的时候，应该谨防产生不快乐的因素，事先加以适当的防范。实在不快乐的时候，也要想想自己曾经快乐过，并且回想一下当时的快乐情境，以免愈想愈想不开，闹成自杀的恶果。

有了这种平衡思想，凡事不致"过与不及"，想进想退，比较不容易乱发脾气，忍耐力增强，容易养成忍耐的习惯，获得很大的助益。

六、不进步就退步要坚持赶上时代

不进即退的时代，非进步不可。

现代知识爆炸的时代，各色各样的信息，使人忙不过来。但是时代进步，自己却停顿下来，很快就会落伍，一下子变得样样都不如人。

不进即退，主要在环境快速变迁，自己不得不加快调整的脚步。

正因为如此，弄得现代人盲目追求信息，盲目求取进步，反而忙得"亡了心"，失去了自己的"心"。

其实，任何知识，若是只存在于人的脑中，不可能产生智慧，也就很难活用。一切知识，必须通过自己的心，才能滋生智慧，获得正当的运用。

用心想，意思是拿自己的良心来判断，看看自己获得的知识，合不合乎自己的良心标准？合用就拿来应用，否则便加以舍弃。

任何人都可以制造言论、知识，这叫作多元化社会。我有自己的选择标准，构成坚强的免疫力。透过自己的独立思考，选择自己所合用的信息，才能够在多元化社会中，找到真正的自我。

赶上时代，并不是随波逐流。一切由情势决定，要自我做什么？

出淤泥而不染，便是有目标、有计划地赶上时代。一方面不使自己落伍，一方面不让自己随波逐流。

成功的人，听到什么言论，看到任何信息，都不会抱持成见，一口气就拒绝掉。

当今社会的崇洋风气，使得很多人盲目接受西方的信息，却拒绝与自己的祖先、传统交谈，这是他们的损失，因为"成见"使他们"入宝山，却空手而还"。

听到任何信息，应该"不排斥，也不接受"，抱着"学则不固"的心态，仔细听一听、看一看，然后再想一想。反正多一样参考，多一样选择，并无大碍。

努力学习，寻找更多的参考答案。

学则不固的意思是"学习的目的，只在增加一种可供参考的答案，将来选择的时候，多一样可以代替的方案"。千万不可以一听就相信，一看便记得牢牢的。一下子便固执下来，对自己的独立思考和良心判断，实在交代不过去。

学习的时候，多看、多听、多问，不必马上把答案固定下去，这才是正确的方式。

学则不固并不是永远不固，否则始终拿不定主意，究竟要怎么办？

要用的时候，必须从"学则不固"所获得的答案当中，以"择善固执"的态度，慎选其中最合适的，加以应用。这种由"学则不固"到"择善固执"的历程，正是独立思考与良心判断的充分发挥。

成功的定义，说起来也就是"从学则不固顺利转化为择善固执的历程"。成功的方法，各人不同；成功的滋味，也各有差异。然而成功的过程，几乎是一致的。凭良心、走正途、不断努力、奋斗不懈。

学则不固，需要充分的忍耐。因为各种论调都有相当道理，诸样学说都有某些根据，不耐心听，不用心想，哪里分辨得清楚，又哪里听得完整？

择善固执，同样需要充分的耐力。善是什么？实在不容易拿捏。若非耐心、用心、良心常常隐而不现。等到良心出现，往往悔之晚矣！

求进步，不可忽略良心；学新知识，必须用心过滤。这样的进步，才是循正道而前进；这种新知识，才是有益世道人心的好智慧。

成功的因素很多，天分、努力，都不及忍耐力。唯有十分忍耐，天分才会充分发挥，努力才会继续不断。唯有坚毅忍耐，成功才会获得保障。九分努力，还需要十分忍耐，否则功亏一篑，令人惋惜。

结　语

三十六岁当然能够成功

认真检讨自己的阅读心得。

现在，暂时把书合起来，回想一下，自己对成功的认知，究竟有多少体会？又具有多少实力？想好之后，再继续翻开书，看下去。

相信没有人会断定自己完全了解以上十篇所提出"成功十力"——洞识力、归纳力、包容力、组织力、分析力、感应力、调节力、补救力、实践力、忍耐力的内涵，更不轻易认定自己在十力方面，究竟修养到什么样的程度。

没有关系。像这一类的书，原本就是随着读者的经历与体验不同，各有不同的认知和感受。

同样一个人，每隔一段时间，翻阅本书，都可能产生不同的观感。白纸印上黑字是死的，自己不断成长，却是活的。活人读死书，结果应该是活的。

信手翻阅两下，就认为自己已具备成功的十力，这是十分危险的信号。有些成功的人，逐渐失去群众，便是因为"自己认定成功，也觉得大家接受自己成功的事实"，因而自我膨胀，几乎到了"神"的地步。

一旦变成神，就已经不是人。失去"人"的味道，怎么可能是成功的人？

这些人在成功的道路上，走得相当舒畅，也深得众人的肯定。然而，曾几何时，成功的人已经变为不成功的神。人不喜欢，恐怕神也不会欢迎，因为他毕竟不是真正的神。不属于神的世界，却要"神"秘兮兮，谁会喜欢？

仔细阅读，并且逐一自我考察，觉得成功十力要求过高，自己做不到。这时候需要自我心理建设，告诉自己："天下无难事，只怕有心人。"只要自己用心，有什么不可能？如果抱着"人一能之，己十能之"，比人家更加努力，当然做得到。

常常告诉自己："成功十力，我会逐渐具备，并且不断增进实力。有一天，在三十六岁以前，一切都会实现。"

不要否定成功的可能性。

最怕的是：认为自己做不到，便从此罢休，不肯去尝试，也不敢去想象。那就否定了自己成功的可能，对自己十分不利，也非常不公平。

随便翻一翻，看到若干中国人的传统道理，便认为"又是老一套"，因而觉得"不看也罢"！这种人最可悲，自己用成见把自己绝缘起来。

电视上偶尔看到一则统计资料，说什么"初中生喜欢吃西餐的人，比喜欢吃中餐的还要多"。看了之后，心里很替那些中学生抱屈。居然长得这么大，还没有机会吃过好吃的中国菜，或者吃到好吃的中国料理，竟然差劲到品尝不出来的地步。

中国料理世界闻名，而且众所公认。不喜欢吃中餐，不是"趋势使然"，不是"面子问题"，也不是"节约时间"，更不是"中餐没落"，而是"自己无知"。

喜欢吃中餐或西餐，纯粹是口味不同，各人有自主的权利，跟别人无关，更用不着别人来批评或指责，因为没有人有这样的权力。

我们既明此理，当然不是针对某人或某些人，而有上述的议论。我们只就事论事，希望提醒看到这则报道的人，有所参考。

有一次，在书店中，两位年轻人站在旁边翻阅书本，其中一位拿起一本有关中国人生哲学的书，介绍给另一位观看。那位年轻的中国人，一看书名，就说："我最讨厌看中国人的伦理道德，还不是那一套。"

誓死不和祖先的智慧打交道，难怪成为典型的"数典忘祖"，除了寄以无限的同情，夫复何言！

最好的态度，是"不信也不不信"。没有成见，把成功十力的内涵，仔细思考一下，想想自己应该怎么做。中国人主张"尽信书不如无书"，便是每个人的背景、志趣、性格和愿望，都不尽相同。若是一味勉强自己，百分之百按照书中所说来要求自己，岂非强迫自己，要做这本书的奴隶？不如看了之后，自己心中有数，找出自己所要走的道路，拟定自己所要达成的目标，考虑自己所要采用的方法，确立自己所要秉持的原则。然后贯彻下去，以求获得自己所想要的成功。

一、不要轻言失败

永远不要认定自己是失败者。

人人都害怕失败，主要原因在失败之后，很可能心灰意冷。如果加上世态炎凉，遭受大家的冷嘲热讽，那就更为难过。甚至可能一时想不开，走上自绝的穷途末路。

但是，人生的过程，多半呈现循环往复的曲线，依着螺旋状前进。这中间起伏交替，得失相连。成功一定要经过持续不懈的努力，在奋斗历程中，并没有永远的成功，也不会永久都失败。

老子说："祸兮福之所倚，福兮祸之所伏。"世间事很少祸福分明，却大多祸中有福，福中有祸。

从前有一个人，住在国境边界。他发现自己所养的马中，有一匹离群出走到邻国。当时知道这件事的人，都认为很不值，白白丢掉一匹马。只有养马人的父亲，对这件事毫不介意，反而认为失去一匹马，未尝不会带来好处。过了几个月，果然发生了奇怪的事情。从前走失的那匹马，不但从邻国认路回来，更把邻国的骏马，也一道引过来。大家知道了这件事，都跑来向养马的人道贺。但养马人的父亲却说，这件事说不定会带来灾祸。不久，养马人骑那匹骏马时，被摔了下来，跌断了一条腿。于是人们纷纷前来慰问。养马人的父亲对儿子跌断腿一点也不介意，认为可能会带来好处。一年后，邻国出兵侵略，养马人居住的地方，有战事发生。年轻力壮的人，都要入伍作战。不少年轻人都战死了。养马人因为跌断腿后变成残废，免服兵役，所以保全了性命。

《淮南子》记载这一则《塞翁失马》的故事，主要在安慰遭遇不幸的人，表示不幸的事情，说不定反会带来好运，使不幸人难过的心情，得到宽解。"塞翁失马，焉知非福"，和老子所说"祸兮福之所倚；福兮祸之所伏"，互相印证。古人说："江东子弟多才俊，卷土重来未可知"，更进一步勉励大家，遭遇失败时，不必气馁。

梁启超先生的看法，则是"成功与失败，本来不过是相对的名词"。他认为"一般人所说的失败，不见得便是失败；一般人所说的成功，不见得便是成功。天下事，有许多从此一方面看，说是成功；从另一方面看，也可说是失败。从目前看，可说是成功；从将来看，也可说是失败"。明得暗失，或者明失暗得的例子很多，可见得失之间，成功与失败的分辨，实在很不容易。

有一个小孩，从小就被判定为音乐天才儿童。送他去学习小提琴，很快就成为小提琴神童。于是一天练习六七小时，进步更为神速。

他在小提琴方面，获得了无可怀疑的成功。然而，其他小孩从事的活动，诸如打弹珠、抓蟋蟀、跳橡皮筋以及玩弹弓，他一概毫无所知。在这些方面，简直就是大失败者。如果说拉小提琴才是有出息的活动，而打弹珠、抓蟋蟀、跳橡皮筋、玩弹弓都属于无聊的举动，恐怕未必能够获得普遍的认同。事实上有若干儿童，被父母强迫送去拉小提琴，因而痛恨所有的音乐活动，反而扼杀了欣赏音乐的兴趣。

建立根本没有失败的信念。

有人喜欢强调"失败为成功之母"，因而倡导"反败为胜"的观念。我们认为失败固然为成功之母，但是不能过分强调，也不必倡导反败为胜，以免对失败失去警惕，反而不用心防患于未然，导致常常失败的恶果。

对已经获得成功的人，回忆当年失败的历程，感慨"失败为成功之母"，乃是痛苦之后的一份甜美，说说无妨。换句话说，成功的人才有资格鼓吹"失败为成功之母"的道理，能够毫无愧色地面对大众，侃侃而谈自己失败的经验。这时不但不痛苦，反而深觉自豪。

相反地，失败的人，简直就没有资格说什么"失败为成功之母"。请问，有什么人肯浪费时间去聆听一个失败者描述自己的惨痛经验？

已经有了反败为胜的成就，他的传记有人阅读。彻底失败的人，有谁敢替自己的失败史写传记，又有哪些人喜欢去欣赏？

有一位成功的企业家，坦承他遭遇过重大的失败。他说："当时我承认自己是失败了，因而兴起了某些念头：一是远走他乡，迁到完全陌生的地方，远离失败的伤心地；一是借酒浇愁，希望酒醉时忘掉一切的痛苦；一是闭关自守，用足不出户来避免外界的鄙视；一是干脆自杀，一了百了。"

他徘徊在这几条失败的道路上，终于想通了一件事："我并没有失败，为什么要让自己走上这些失败的道路？我只是方法错误，遭遇到一些挫折，根本就没有失败。"

既然没有失败，何必远走他乡？既然没有失败，为什么要借酒浇愁？既然没有失败，何必自我封闭？既然没有失败，哪里需要自杀？

于是，凭着"根本没有失败"的信念，他勇敢地面对现实，并且坚毅地克服困难，终于获得很大的成功。

这一番话，重点在"承认失败，就会不由自主地走上失败之路；唯有不承认失败，才有可能走上成功之路"。

我们常说中国人是"永远不认输"的民族，不认输就是不承认失败。一旦承认失败，整个壮志雄心毁灭破碎，可能从此再也抬不起头来，很难重建成功的信心。

某些人被"失败主义"所困，长久不得解脱，便是"太容易承认失败"的后遗症。

不认输并不是死不认错，因为死不认错的人，不会从错误中获得经验，不可能成功。

勇敢地承认错误，却不必因此就认为自己失败，以免被"失败主义"所套牢。

方法错误，可以重新来过。方向错误，可以及时调整。任何错误，都有改过自新的机会。只要不承认失败，就可以鼓起勇气，认真检讨自己的缺失，更加警觉地再出发。要认错，却不必认输。

能认真检讨，就种下了成功的幼苗。轻易承认失败，等于把成功的可能完全排除。

做任何事，先想怎样才能够避免失败，这叫作防患于未然。事先防止失败，便可能立于不败之地。万一遭遇困难，受到挫折，要自我心理建设："我没有失败。"只是有一些错误，好好检讨，重新来过，成功还是充满了希望。这时没有失败的心理，自然有勇气再来一次！再试一下！

二、不要轻言成功

轻言成功，反而容易失败。

梁启超先生进一步分析：宇宙间的事，绝对没有成功，只有失败。他说："成功这个名词，是表示圆满的观念；失败这个名词，是表示缺陷的观念。圆满就是宇宙进化的终点，到了进化终点，进化便休止。进化休止，不消说是连生活都休止了。所以平常所说的成功与失败，不过是指人类活动休息的一小段落。"

按照梁先生的观点，这本小书印行世间，就算是作者的成功。而各位读者先生、女士读了这本小书，也就算是各位的成功。

梁先生接着又否定了所有的成功，他说："人类在这条无穷无尽的进化途中，正在发觉蹒跚而行。自有历史以来，我们不过在这条路走了一点，比到宇宙圆满时候，还不知差几万万年哩，现在我们走的只是像体操教员刚叫了一声'开步走'，想要得到多少万万年后的成功，岂非梦想？所以谈成功的人，不是骗别人，简直是骗自己！"

他举例说："就事业上讲，说什么周公致太平，说什么秦始皇统一天下，说什么释迦牟尼普度众生。现在我们看看周公所致的太平到底在哪里？大家说是周公的成功，其实是他的失败。'六王毕，四海一。'这是秦始皇统一天下了，但仔细看看，他所统一的到底在哪里？并不是说他传二世而亡，他的一份家当完了，就算失败。只看从他以后，便有楚汉之争，三国分裂，五胡乱华，唐之藩镇，宋之辽金；就现在说，又有督军之割据，他的一统之功算完成了吗？至于释迦牟尼，不但没有普度了众生，就是当时的印度人，也未全被他普度。所以世人所说的一般大成功家，实在都是大失败家。"

梁先生这一番话，其实不在全盘否定成功。因为梁先生若是全盘否定成功，他用不着苦口婆心，说这一番话。

他的真正用意，在劝告大家，一方面不要轻言成功，一方面也不要过分强调自己的成功。

梁先生指出："在无量数年中，无量数人，所做的无量数事，个个都失败，照数学上零加零仍等于零的规律讲，合起来应该是个大失败。但许多的'失败'加起来，却是个'大成功'。"

彻底否定成功，就不会告诉我们，许多许多失败，加在一起，竟然是大成功。

孔子说："死而后已。"一个人活着，就要做事，而所有的事，结果都是失败。一个人失败了，死掉了，别的人继续去做，不断的失败，就会累积成世界上的大成功。

本来，我们这一代的人，兢兢业业，做出了许多自以为成功的事，不过是为了让下一代的人，有事情可以做：全力证明我们这一代人所做的事，全都是失败的。

一代证明一代的失败，便是世界进化成功的大动力。任何一代的成功，实在只是这一代"此时此地"的成功，迟早会被后代人，判定为失败。

所以我们的成功，只能算是小小的成功，用不着过分自我膨胀，骄傲地向全世界宣示："从此不要小看我！"

对骄傲的国家而言，任何小胜利都可能招来大失败。今天某国强盛已极，又毫无顾虑地展示军力，就会引起其他各国的注意。以某国为目标，积极地秘密发展更为先进的武器，并且企图一举制服某国。

骄傲的个人，同样是众人联手打击的最佳目标。骄者必败，几乎毫无例外。

成功之后，最怕的是失败。

人死了以后，才被证明为失败。死后无知，好像要轻松得多。

人活着的时候，因成功而骄傲，一旦被证明为失败，便会立即坠入深渊，而痛苦不堪。

然而，成功而不骄傲，自己不轻言成功，即使被证明为失败，也会轻松得多。因为我本来就不认为成功，如今果然没有成功，对我有什么打击？好像并没有。

成功者不能骄傲，失败者不必气馁，这才是合理的表现、良好的修养。

完成工作之后，应该产生成就感。这种观念，和成功不能骄傲，完全没有抵触，丝毫不会矛盾。

下班了，同事一个一个离去。自己的工作，并没有做完。这时候继续下去，一心一意要把它做到满意的地步，为的不是加班费，争的不是不落人后，而是为了完成工作之后，那一份充实的成就感。

但是，成就感是完全属于自己的感受，与至亲好友，可以分享。若是向外人宣扬，就很容易被认为骄傲，而招致不幸的后果。

成就感加上谦虚，可能产生巨大的力量，以反击别人恶意的中伤。

同事之间，随时会发生有人进行恶意中伤的丑剧。自己工作满意，有了成就感又把它表现出来，正好切合恶意中伤的描述："某人自认有功，以致不把上司看在眼中。"

有人恶意中伤，自己有成就感，却能够保持应有的谦虚。上司听到中伤的描述，自己会留意观察，发现并没有所描述的状况，自然会反击那些闲言闲语，而不予置信。

高怀民先生指出：由文王到孔子的五百余年间，是中国人最讲求"谦德"的时期，也是中国文化最积极建树道德人格的阶段。孔子称赞文王、周公，重在他们的"谦德"，所以"文王三分天下有其二，还在服事殷商。周室的德，实在是至德了。"他又说："一个人就算有周公那样好的才能，设使犯了骄傲和鄙吝的毛病，那么，他的才能也就不足观了。"

现代中国人，口口声声"自我推销"，低级到把自己当作商品看待。而自我推销的时候，又往往自我吹嘘，好像不灌水、不吹气，就对不起自己，一点"谦德"也没有，实在不是什么好榜样。

每当想起那则广告，开口就是"请不要嫉妒我亮丽的头发"，许多人都十分庆幸，没有在吃饭的时刻看见它，否则后果不堪设想。

谦虚不是虚伪，虚伪的谦虚很容易被识破，不具谦虚的美德。

谦虚可以去除自满，避免自大，使自己长久保持成功。不轻易认定自己成功，即是合理的谦虚。

三、要有信心走上自己的成功大道

坚定自己的三大信念。

中国人喜欢说"盖棺论定"，意思是死前的成功与否，盖棺才可以论定。

青、壮年成功，可惜晚节不保，落得失败的恶名，十分不值得。死以前成功，死后的变迁与他无关。

孔子说："未知生，焉知死。"他比较不喜欢谈论死后的世界，便是希望大家注重生时的奋斗，确保求得好死。当然，生时欺世盗名，死后被识破真面目，绝对不是真正的"知生"。因为这种结果，比生时默默无闻更加难看。

要求得好死而成功，必须具备下述三大信念：

第一，当"功利"与"道德"相冲突时，以"道德"为优先。

功利并非完全是坏的。合乎道德的功利，基本上属于真功、正利，值得我们用心去追求。

但是，虚假的功，邪恶的利，往往违背道德良心。这时候必须坚持自己的信念："有所不为。"

勿因恶小而为之，也不可抱着"只此一次，下不为例"的念头，以免"尝试一次，就停不下来"，养成坏习惯，必然害死自己。

愈是成功的人，愈应该"有所不为"。因为伴随成功而来的权势，会令人腐化，若是尽力扩张"有所为"，势必增大为恶的概率。某些人奋斗一生，却败于成功之日，便是不知自制，认为"我这么成功，表示做任何事都有十分的把握"，因而掉入深渊，后悔莫及。

第二，当"独吞"与"分享"相冲突时，以"分享"为优先。

整个世界，愈来愈息息相关。英国文学家韦尔斯（H. G. Wells）说："一个社会，不可能一部分快乐，一部分不快乐。如果不能通盘考虑到，那么，宁可暂缺。不能永远头痛医头，脚痛医脚。"

中国人一方面认为"四海之内，皆兄弟也"，一方面倡导"有钱大家赚"的观念，以求"有福同享"。

成功要靠"大家一起来"，掌握更多人的智慧与财力，才能够造就更大的成功。

要掌握更多人的智慧与财力，必须诚恳地与大家共享所得的成果，大家才会心悦诚服地长期共处，不致"见好就分散"，徒然分散了实力。

凝聚众人的力量，最主要的因素，在分享。

独吞利益等于欺骗众人，大家一旦觉察，立即转身离去。独吞不仅是愚蠢，而且是不道德。

第三，当"应该"与"喜欢"相冲突时，以"应该"为优先。

我们再三申明，绝对不要用"喜欢不喜欢"来抉择自己所面临的问题。

"只要我喜欢，有什么不可以？"这是害人害己的念头，千万不要这样想。

一件事，先想"应该不应该"。不应该做，依照第一信念，将它排除，应该做，再问"喜欢不喜欢"。喜欢表示自己有兴趣，会做出趣味来。不喜欢，就要培养兴趣，设法让自己愉快地去完成。

不应该做的事，自己再喜欢，也要克制自己，改变念头，不可以做。见不善而不为，见不义而有所不为。

应该做的事，自己再不喜欢，也要勉强自己，从行动来改变自己的观念，这才是"择善固执"。

"我喜欢"是一句天真却相当幼稚的话。成功的人，必须把"喜欢"放在"应该"的后面。如果应该，我会喜欢。若是不应该，喜欢也要变成不喜欢。

人之所以为人，恐怕就在于此。

增强自己的三大认识。

有了三个信念，再加上三种认识，说明如下：

第一，学历不如学力。

学历只是证明自己受过什么教育，不能证明自己具备何等实力。

进入社会之后，往往发现在学校所学的，大多派不上用场。必须随时随地自我充实，才能够把事情做好。

社会大学是磨炼实力的最佳处所，从工作中学习，虽然没有学历，却实在有学力。

第二，看刺不如看花。

"刺"象征坏的一面，"花"象征好的一面。

当你欣赏玫瑰花时，看刺还是看花？

一味重视他人的缺点，会使自己逐渐被孤立起来。事实上人人都有缺点，要求别人完美的人，就会陷入"无人可用""无人可共事"的困境。

把别人的长处，放在自己的眼睛里。把别人的短处，放在自己的肚子里。这样，人人各有所长，大家都可以共事。学习他人的长处，人人都是益友。

第三，泛泛不如知心。

我们常发现，有许多朋友的人，往往没有一个真正的朋友。

人不可以没有朋友，然而，人更需要知心的朋友。

交朋友要从小信开始，不要从"不信任他"出发。不信任他，他也同样不信任我们。小小地信任他，经由考验逐渐增加信用度，这样由小信而大信，可以交到知心的朋友。

最重要的是：由自己开始。不要等待对方先相信我们，要从自己做起，先相信别人。

掌握自己的三大原则。

有了三种认识，再确立三个原则，分述如下：

第一，自我成长原则。

"命由我造"，表示我可以创造自己的命运。成功的道路，必须由自己一步一步走出来，所以我要不断地经得起考验，用自我成长来走出自己的成功大道。

命运其实就是性格，我要改善自己的性格，依靠自己的力量，来克服自己的缺点。

自我成长最具体的表现，莫过于按照本书所说的方法，逐渐增强自己的成功十力。

成功十力日益增进，便是自我成长最明显的证明。

第二，充满希望原则。

人活着，必须充满希望，才会愉快。

毫无希望的人，活得十分痛苦而无奈。生活在不安的感觉中，就是因为缺乏希望。

任何时机，是危机也是良机。常常创造机会，时时充满希望。下定决心，好运就会降临。

下决心发挥自己的成功十力，对前途充满希望。这样乐观进取的结果，就会成功。

第三，认清目的原则。

人的地位，只是副产品而非产品。从工作当中获得相当的成就感，才是真正的产品。

人的成功，也是副产品而非产品。临终时得以好死，毫无愧怍，才是真正的产品。

利和名，同样是副产品而非产品。自己能安，又能安人，才是真正的产品。

认清目的，充满希望，坚持自我成长，还有什么可以犹豫的呢？

不要犹豫，不要等待，从现在开始，勇敢地朝向自己的成功目标，发挥自己的成功十力，走上自己的成功之路！祝福你，三十六岁就能成功。